江苏省教育厅十三五规划 2016 年度高教重点资助

《OECD 国家 0-6 岁保教一体化学前教育公共服务体系建设

项目号：B-a/2016/01/52

◎ 张晶 著

辽宁教育出版社

© 张 晶 2017

图书在版编目（CIP）数据

父母教育与儿童发展/张晶著. -- 沈阳：辽宁教育出版社，2017.12
ISBN 978-7-5549-1943-9

Ⅰ.①父… Ⅱ.①张… Ⅲ.①儿童教育－家庭教育－研究 Ⅳ.①G781

中国版本图书馆CIP数据核字(2017)第309662号

出 品 人：张 领
出版发行：辽宁教育出版社（沈阳市和平区十一纬路25号 邮编：110003）
电话：024-23284410 （总编室） 024-23284652（邮书）
http://www.lep.com.cn
印 刷：沈阳海世达印务有限公司

责任编辑：张国强
装帧设计：河北优盛文化传播有限公司
责任校对：王 静
幅面尺寸：170mm×240mm
印 张：13.5
字 数：204千字
出版时间：2017年12月第1版
印刷时间：2018年5月第1次印刷

书 号：ISBN 978-7-5549-1943-9
定 价：47.00元

版权所有 侵权必究

Preface
序

　　家庭是人生的第一所学校，父母是孩子的第一任老师，父母教育的质量，不仅影响儿童当下生活，而且很大程度上决定了其未来的发展。父母教育和儿童发展是事关我们世界未来、民族希望的伟大事业。

　　随着社会的转型及人们需求的多元化，父母教育和儿童发展面临新的情况和挑战。如何让家长时时处处为孩子做榜样，用正确的思想、正确的方法引导教育孩子，为孩子的身心健康地发育和成长创造更好的环境和氛围，需要引起家庭、学校、社会的高度关注和重视。

　　儿童的健康发展，离不开父母对其正确的教育，而正确的教育，需建立在了解和尊重儿童的基础上。儿童有自身的特点和成长规律，有属于他们自己的生存、发展和参与的权利，有对各种事物的见解和对家长教育行为的反馈。无论家长对孩子有多么美好的期望，无论他们付出多少精力，投入多少财力，他们都代替不了儿童自己的成长。

　　在儿童的成长发展过程中，不仅需要父母有正确的教育方法，还需要父母有正确的角色定位和自我成长。父母正确的角色定位和角色转换，能更好地体现孩子生命的精彩。父母应该审视自己，寻找自己，并用心地陪伴孩子长大，使儿童的身心健康发展。

　　引领孩子感悟生活，从而得到发展，是父母教育的最佳途径。生活即教育，家庭是最好的课堂，父母是孩子最佳的老师。帮助孩子学会打理生活，学会创造幸福，他们在成长过程中才会收获更多，他们的生活内涵才会更加丰富！

　　父母是孩子天然的教育家，因为没有谁会比你更爱你的孩子，更希望你的孩子成才。你的无条件的爱，往往能创造出奇迹。

每个孩子都是独特的，对于父母而言教育孩子是全新的课题，不断面临着新的挑战。所以，本书阐述的教育方法也只供父母们借鉴，父母们不能简单地套用从这本书里学习来的教育方法及经验，必须现学现用，摸索出一套对自己孩子行之有效的办法。

　　摸索便意味着碰壁，意味着犯错误，所以家长必须三省其身，不断总结自己在教子过程中的得与失，使孩子能更健康地成长，使自己成为真正意义上的教育家。

张　晶

2017 年 8 月 20 日

$\mathcal{C}$ontents 目录

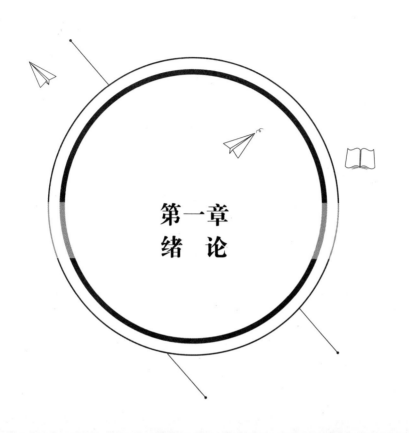

第一章
绪　论

人的教育是一项系统工程，包括家庭教育、集体（托幼园所、学校）教育、社会教育。三者相互关联且有机地结合，相互影响，相互作用，相互制约，缺一不可。家庭教育是一切教育的基础。随着时代的进步和社会的飞速发展，传统的家庭教育观念已越来越难驾驭家庭教育领域层见叠出的各种新情况、新问题，越来越不适应社会发展的需要。相应地，从事家庭教育研究、教育、学习的师生也迫切需要补充和更新有关家庭教育的理论和实践知识。

家庭教育的基础是科学知识和理论，我们要紧跟时代步伐，密切关注家庭教育中的现实问题和热点问题。家庭教育与父母教育需要突出以下特点。

一、多学科融合性

随着科学的发展和社会需求的变化，学科之间的融合成为当前学科发展的趋势。家庭教育学是一门综合性很强的边缘学科，其多学科融合性决定了家庭教育和很多相关学科有着或多或少的联系。因此，本书的基本内容涵盖了教育学、社会学、生理学、心理学及营养学等学科的相关知识和理论，其目的是让学习者既要对家庭教育的核心知识有所把握，又要对相关学科的知识有所了解。在编写的过程中，作者注重相关学科的共通性和融合性，努力从不同学科视角审视家庭教育的理论和实践，充分反映家庭教育这门学科的真实背景与发展条件。

二、理论创新性

本书在概念解析、理论结构、逻辑安排、表述方式等方面具有明显的创新色彩。本书站在理论思辨和概括的高度，在概念明确、原理科学的基础上，力求反映国内外学术界最新的理论成果；力求从纷繁复杂的各种家庭教育问题中寻找并总结出家庭教育的特殊规律，并在此基础上得出一些具有普适性的家庭教育内容、原则、方法等，最终形成一套完整的理论体系，并将其作用于各种家庭教育的实践环节。

三、实践指导性

本书尽量贴近家庭教育实践领域，密切联系儿童及青少年成长的实际、家庭关系的实际，以及社会经济、文化、科技发展的实际，将家庭教育的基础理论性特点和实践应用性特点有机结合，既注重基础理论的准确性、科学性，又突出其实践应用性，注重文字的可读性及使用者的可操作性，力求让读者在学习结束后，既能较深刻地把握家庭教育的理论精髓，又能成为家庭教育的良好实践者。

四、潜能激发性

本书用贴合学生生活经验的家庭教育内容激发学习者的学习兴趣和学习积极性，用循序渐进的结构体系和语言文字激发学习者的潜能，为他们从事家庭教育研究与实践提供充分的可以发挥其想象力和创造性的空间。

家庭是爱的港湾，也是最容易伤害人的地方。家庭教育是父母和孩子相互影响的过程，但教育的主体是父母。父母的素养特别是教育素养是家庭教育能否成功的关键，父母正确、务实、理性的教育理念，积极、健康、平和的心态，科学、主动、民主的教育方式，平等、和谐、温馨的亲子关系决定着家庭教育的成效，因而父母必须营造和谐的家庭氛围，重视幸福家庭对孩子的教育和影响。教育孩子的前提是了解孩子，不同年龄的孩子有不同的心理特征，不同的孩子有不同的人格特征，不同的孩子有不同的学习风格。孩子的差异性是客观存在的，父母必须尊重孩子的差异性，并视差异为可贵的资源。孩子是正在成长中的独立个体，他们在发展过程中难免会犯错，他们需要的是科学的引导和帮助。美国哈佛大学著名发展心理学家加登纳认为，人的智能有七种，这七种智能在每个人身上都存在，但不同的人有不同的优势智能，所以孩子只存在智能类型的差异，每个孩子都有自己的智能强项，父母的责任在于帮助孩子发现智能优势。人的情绪伴随着认知而出现，并直接影响人的行为选择和工作效率。发展孩子的情绪智力是现代教育的必然选择。

（一）凸显现代教育理念

我国学科教学改革已进入深水区，本书引入的多元智能理论将继续为新课改提供新支点、新依据、新视角。本书的构架也基于儿童认知发展的理论，强调以学生为中心，强调学生对知识的主动探索、主动发现和对所学知识意义的主动建构。同时，最好的学习是学会如何学习，即"会学"。我们应该坚信学生具有学习潜能并具备"自我实现"的学习动机。

（二）浓缩特色教育方法

信息社会对人的素质要求越来越高，任何岗位都要求培训，每一个人在做父母之前都要学习教育知识，端正教育理念，掌握教育技能，提高教育素养。本书倡导培养孩子的学习习惯，探索适合孩子的学习方法，掌握良好的沟通技巧，以评价引导孩子的发展。孩子的问题大多是父母问题的折射，当务之急不是教育孩子，而是教育父母，没有父母的改变就没有孩子的改变。

（三）彰显实用教育技能

教育要从了解孩子、尊重孩子、引导孩子开始，父母加强与孩子的感情交流，建立良好的家庭关系。父母要了解孩子的性格、兴趣等心理特征和品质，重视孩子在家庭中的作用，尊重孩子在家中的权利、地位。身教重于言教，父母对待事业、生活以及对待他人的态度，都会对孩子产生重要的影响。

（四）编排符合教育规律

本书内容编排上突出理论性、针对性、实用性和操作性，在广泛吸收国内外教育同行新思想、新观念的基础上，力求内容接近现实并有所创新。引入了一定的阅读材料，旨在帮助父母开阔视野、提供范例、引发思考、改进方法。本书还设计了部分测验，帮助父母加深了解，或对照反思，以便发现不足，及时修正。

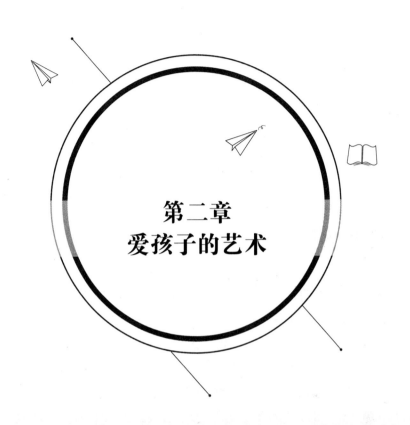

第二章
爱孩子的艺术

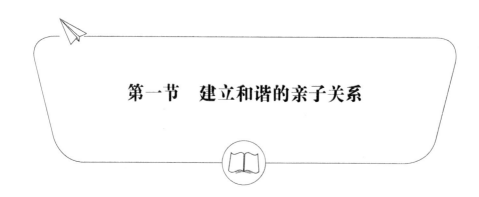

第一节　建立和谐的亲子关系

一、消除孩子的抗拒情绪

我们经常会听见两三岁的孩子说"我不要！""不行！""我不去！"；我们也会看到四五岁的孩子不顾父母的制止，玩着自己喜欢的玩具；我们还会遇见六七岁的孩子对妈妈的嘱咐报以不耐烦地嘟囔——"烦死了！""知道了！"。面对这些现象，父母需要改变一下自己的教育方式。

两三岁的孩子往往通过与别人不同的意见来确认自我的存在。如果你想让他们按你的要求去做，最好不要给他们选择的机会，直接带他去做你想要他做的事情。四五岁的孩子喜欢专心地做自己的事情，这种情况下，你可以温和地提醒他："你还可以再玩五分钟。"最好不要直接抢去他们的玩具。你还可以和孩子一起进入游戏的世界，引导游戏朝你想要的方向发展。六七岁的孩子常把你善意的嘱咐当作唠叨，他想要证明自己减少了对父母的依赖，不想再被别人看成乖宝宝，老师开始成为他们的偶像，而且"老师这样说的"会成为父母经常听到的一句话。

二、避免溺爱孩子

在现实生活中，很多父母对于溺爱孩子的危害性有不少了解。只是在教育过程中，有些父母并没有意识到自己的行为就是对孩子的溺爱。没有意识到错误，自然也不会改正错误。

长期生活在父母的溺爱之中，孩子极易变得不懂礼貌，目无长辈，自私自利；性格骄横乖张，唯我独尊；做事没有规则意识，难与他人和谐相处；或者孩子性格懦弱，依赖心理强，身体健康状况不良；等等。

父母应当克服自己的溺爱行为，为孩子的长远发展着想。在孩子能看懂大人脸色、知道大人喜怒之时，就要对他进行教育，让孩子懂得做人需要遵守的规矩。只有这样，才可以避免孩子形成不良习惯之后，再用棍棒教育来纠正孩子的行为。

三、避免对孩子过于严格

美国心理学家贝克说："对子女督促过严的父母，也许可以迫使孩子养成良好的习惯，却也会使子女有不安、依赖、胆怯、敢怒不敢言、不爱做劳心工作，以及不喜欢参加有创造性的活动等缺点。比较起来，这种教养方法是得不偿失的。"有的父母奉行"爱之深，责之切"的教育观念，相信"棍棒下面出孝子"。我们对这种观念不能完全否定，当孩子犯错的时候，适度的惩罚教育不可缺少，但父母过于严厉的管教也会产生负面影响。

（一）过于严厉的父母容易导致孩子撒谎

有时孩子做了父母不允许的事情之后，怕被父母训斥责打而选择撒谎。于是过于严厉的父母，反而不能知道孩子真正的想法。自认为对孩子管理很严格，轻信自己管理效果的父母，往往会给孩子制造撒谎的机会。

（二）过于严厉的父母会忽视对子女必要的尊重

很多父母很少考虑孩子的自尊心，在孩子达不到自己心目中的要求时，会对孩子进行武力征服。还有的父母，在外人面前随意诉说孩子的短处，即使孩子已经很不好意思地去阻止父母，父母也照说不误。有的父母对孩子动不动就拳打脚踢，使一些孩子越打越不服气，我行我素。

（三）过于严厉的父母会让孩子不自信

有些父母怕表扬孩子的优点后孩子会"翘尾巴"，于是喜欢用数落孩子缺点的方法来掩盖孩子的优点，或者故意对孩子的优点视而不见，他们以为这样做会对孩子起到激励的作用，但效果恰恰相反。孩子是希望被肯定、被鼓励的。孩子如果经常得到否定的评价，会对自己的行为与能力产生怀疑，变得不自信。另外，对孩子要求严格的父母往往陷入对孩子要求

过高或者过于追求完美的误区。如果孩子达不到父母的要求，也会让孩子对自己的能力产生怀疑，或者让父母对孩子的能力产生怀疑，让孩子变得不自信。

（四）父母管教过严，孩子容易形成暴民的性格

如果孩子经常被打骂，他们会把父母严厉的打骂看作一种正常的教育方式，会用同样的方式教育下一代。同时，也会把这种方式看作一种正常的交流方式，在与他人交往时，产生暴戾乖张的行为。

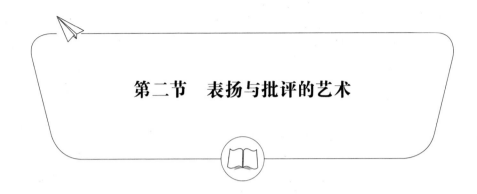

第二节 表扬与批评的艺术

一、表扬孩子的艺术

赞美和表扬孩子，可以让孩子增强自信，产生安全感，会让孩子的个性和能力有良好的发展。但称赞不当，会让孩子产生紧张的情绪和恶劣的行为。赞扬孩子有一条简单的规则，就是称赞孩子的努力和成就，不泛泛地表扬他的品格。

（一）赞赏孩子的努力

父母不要因为自己正在忙，就忽略了对孩子的赞赏。父母应该理解孩子希望和自己分享快乐的心情，并适时对这种心情做出回应，会产生很好的效果，亲子关系会变得愉快而融洽。对孩子来说，得到自己最依赖的父母的赞赏，会促使他们加倍努力。如果父母忽略"赞扬"在教育孩子中的效果，怕孩子产生骄傲心理而吝啬于称赞孩子，孩子会感到失望，并失去努力的动力。

当孩子不能顺利完成某一件事的时候，他们可能会产生放弃的想法，或者有强烈的挫败感。这时候，如果父母表扬孩子在这件事情上已经付出的努力，并提出指导意见，帮孩子做好事情，让孩子感受到成功的喜悦，孩子的自信心就会得到增强。

（二）赞美孩子做出的成就

对孩子进行表扬的时候应该对事不对人。我们的表扬用语是对孩子的

行为做出积极的推断，表明我们对孩子的行为、工作、成绩以及创造力的赞扬，能使孩子从中对自己有正确的判断。

（三）夸奖孩子的几个方法

1. 引导法

并不是只有当孩子去做了某件事后才去夸奖孩子。如果我们希望孩子去做某件事，也可以把命令改成夸奖，引导孩子去做这件事。

2. 间接表达法

父母通过表达孩子带给自己的喜悦的心情，间接地表达对孩子的表扬，让孩子意识到自己的努力会带给父母极大的快乐。

3. 肢体语言表达法

当懂事的孩子给你端上一杯水时，你可以亲亲孩子的小脸，可以对孩子竖一竖大拇指，还可以抱一抱孩子……这些肢体语言会让孩子感受到你对他的肯定。

4. 假借他人表达法

借用他人之口，对孩子提出表扬，效果也不错。

5. 人前夸奖法

在外人面前夸奖孩子的某一点，孩子在这方面就会有所进步。

二、批评孩子的艺术

当孩子出现差错的时候，父母要做的不是先教训孩子，而是应该先处理事情。孩子做了错事，往往自己也会产生内疚感，他不仅想赶快纠正错误，也希望得到父母的理解和宽容。

父母如果不问青红皂白，一味地抱怨、责骂，孩子的内疚感可能会转化为抵触和对抗的情绪。长此以往，孩子会形成不良的心理和人格模式。因此，面对犯错的孩子，父母要讲究批评的艺术，要冷静客观地去处理问题。

（一）避免带有伤害性的批评

孩子常会不自觉地做出令父母恼怒的事情。尤其是幼儿，有时会因为自己的行为能引起父母的反应而觉得有趣，所以故意去做某些事。比如有的幼儿会在床上故意往下扔东西，如果父母表现出生气、愤怒的样子，他们反而会扔得更开心。这时候，父母往往会对孩子进行批评。

通常父母会有两种批评方式，第一种是对孩子本身进行攻击，意思是孩子本身让人讨厌，而实际上父母未必真讨厌孩子，但让孩子可能觉得自己惹恼了大人，自尊心会受到伤害。

第二种是父母分几个层次来表达自己的感受，即将自己愤怒的心情表达出来，只是批评了孩子的行为，不损及孩子的自尊。

当然要选择第二种，避免带有伤害性的批评。

（二）避免以偏概全的批评

当我们无法证明孩子是否真的不行时，我们的批评可能会让孩子选择放弃，让孩子对自己形成否定的判断。这种自我否定，严重时会导致孩子一事无成。孩子运动能力差，但可能智力超人；学习成绩不好，但可能心地善良。不能因为孩子某一方面不足，就认为孩子一无是处。

（三）避免翻旧账

孩子犯错误的时候，有的父母会把他过去所有的错误逐一地罗列出来，数落个不停。父母以为这样做会让孩子看到自己是一错再错，父母无论怎么教训他都不过分。实际上这种做法会引起孩子极大的反感。试想，如果这样的批评有效果的话，孩子怎么会一而再，再而三地犯同一类错误呢？翻旧账还容易形成不良的心理暗示，让孩子觉得自己一贯爱犯错，怎么也改不好，从而产生破罐子破摔的想法。父母抱怨孩子屡教不改的时候，就是应该反思自己的批评方式是否有问题的时候。

孩子犯错时，父母应当在处理当前问题上下功夫。既不要翻旧账，也不要强迫孩子保证以后不再犯，如果再犯，任由处罚。这样的保证是在父母的压力之下做出的，孩子在恐慌中所做的保证没有多少实际的价值。

（四）避免在情绪失控时批评孩子

父母在情绪极度愤怒时，无法以理性的方式来管教孩子。父母往往口不择言，很容易说出刺激、伤害孩子自尊心的话，伤害了孩子又后悔莫及。当父母无法平静下来的时候，建议父母暂时转移自己的注意力去做其他的事情，如做家务、打电话，等等。等父母自己平静下来以后，再和孩子好

好谈谈。孩子在父母冷处理的过程中也会进行反思，进而减少对父母教育的抵触情绪。

（五）避免在外人面前指责孩子

父母当着别人的面指责孩子的缺点和问题，这是不理解和不尊重孩子的表现。这样会使孩子觉得自己在他人面前失掉了荣誉和尊严，认为自己失去了他人的同情和爱护，从而产生孤独、抑郁心理，产生"大家都不喜欢我"的心理错觉，形成自卑心理。

人前训子也容易使孩子产生逆反心理。有的孩子会当面顶撞父母；有的孩子用沉默表示反抗；有的会对父母产生敌意，在以后的教育中与父母对着干，我行我素，继续做父母不喜欢的事。

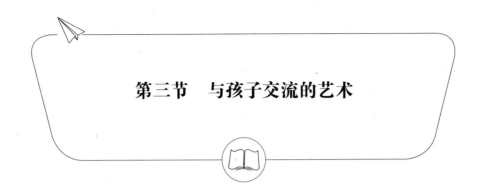

一、说话的方式

如果父母觉得孩子总是把自己的话当作"耳边风"，那么，父母也应该反思自己对孩子说话的语气与方式。父母跟孩子说话的方式，将对孩子的品德修养、智力发展产生深刻的影响。经常被父母"命令"行事的孩子，长大后容易缺乏独立性、胆小、神经质，会认为父母不喜欢自己。"管教"只有建立在父母与子女之间的互相信任、互相关怀的基础上，才能达到良好的效果，亲情的温暖比严格的管教更重要。

父母如果注意使用信任、尊重、商量、赞赏、鼓励的语气，再加上低声、亲切与柔和的语调，并配合放慢的语速，孩子肯定会乐于接受父母的意见，会愿意对父母说出他们的真实感受。父母与子女之间的沟通效果会得到提高。

二、正面沟通效果好

案例分析

有一天，你邻居家的小孩子跑来告状，说你的孩子打他了。你会用下面哪一种方式来面对孩子？

（1）不向孩子了解事情的经过，就对孩子说："今天 ×× 来家里跟我说

你打他了，打人不对，以后不要再打人了。"或者很生气地把孩子训斥一顿："不让你打人你怎么就打人呢？再打人回来就打你……"

（2）坐下来和孩子平等地对话，让孩子讲讲事情的经过。面对面与孩子分析当时的情况，让他找出有没有其他的解决方式。如果孩子错了，一定要给予严肃的教育。

第一种做法，父母自始至终没有坐下来和孩子正式谈这件事，或者是因为做事的态度轻率，或者是想通过这种漫不经心的态度减少孩子的压力。对于孩子来说，孩子不会想到你的态度是出于什么原因，他只会看到你的态度，认为你不够认真，不够关注他的错误，他也不会认真检讨。

第二种是谈话方式，说话的时候要严肃而认真，同时和孩子要有眼神的交流。一方面出于礼貌，让孩子感受到你对他的尊重；另一方面孩子的注意力会提高，谈话的效果较好。

❖ 案 例 分 析 ❖

明明正在玩玩具，妈妈对他说："不要玩玩具了。"明明放下玩具，打开电视机，"不要看电视了。"明明关上电视，拿起了漫画书。"不要看漫画了！"妈妈有些生气地说。"你就不能去把老师布置的作业写一写……"妈妈由最初的心平气和变为最后的怒气冲冲。

在这个沟通过程中，妈妈开始没有明确表达出想让孩子去写作业的意思，造成孩子理解错误，导致最后妈妈生气。对于幼小的孩子来说，他们可能理解不了你的言外之意，你不明确告诉他们你想让他们做的事情，就容易出现上面的情况。对于大一些的孩子来说，可能会故意抓住你说话的漏洞，去做你还没有来得及禁止的事情。所以，少对孩子说"不要做……"，而是对孩子直接说："你去做……""你应该去……"

三、做孩子的好听众

用心倾听孩子说话，是一种能让孩子感受到关爱的教育方式。有时候孩子的话里会有弦外之音，父母要留心孩子说话的语气，才能更多地了解孩子。父母认真倾听孩子说话，孩子也会愿意说，对于他的快乐与烦恼、挫折与成功，才会乐意跟父母分享。在你抱怨孩子什么都不告诉你之前，请你反思是否在孩子想与你沟通时，认真倾听孩子讲话了。

案例分析

宝宝被妈妈从幼儿园接回家后，妈妈急忙进厨房做饭。宝宝拿出一张画给妈妈看："妈妈，这是我今天画的画。"妈妈看了一眼，"嗯"了一声继续切菜。"妈妈，你看上面画的人好不好看？""好看。"妈妈应付一句，头也没抬继续切菜。"妈妈你都没有看就说好看。"宝宝有些不满意。"妈妈正忙着呢，你看不见呀！"妈妈不耐烦地说。宝宝拿着画小声嘟囔："老师说我画的妈妈好漂亮。"

在上面的沟通中，妈妈因为忙着做菜，没有认真思考孩子让她看这幅画的目的。孩子并不是只想听一句简单的"好看"，而是想要表达她爱自己的妈妈。妈妈的态度中止了一次良好的亲子沟通，使孩子的情感没能得到满足。建议妈妈给孩子几分钟，听孩子把想要说的话说完，理解孩子的言外之意。

父母可以从以下几个方面提高自己的倾听能力。

1. 对孩子的话表示感兴趣

孩子与父母说话时，请父母暂时放下与交谈无关的事情，把注意力集中在孩子身上。与孩子要有目光的交流，看着孩子的眼睛或眉心，表示你对他的话很有兴趣。这样会增强孩子的自尊心，增进父母与孩子之间的感情。

2. 耐心听孩子讲下去

低龄孩子不能很流畅地把自己的意思表达清楚，会出现支支吾吾、语无伦次的现象。如果孩子正在思考怎样表达时，父母催促或指责孩子："你究竟想说什么？快点说！"或者"紧张什么呀，妈妈又不打你！"即使你的本意是想让孩子大胆地说出来，但孩子仍然会因为紧张而表达不好。因此，父母应该耐心地听孩子把话讲完，鼓励孩子表达自己。

3.适时与孩子互动

孩子在思考如何表达时，你可以用鼓励的目光微笑地看着孩子。当孩子向父母滔滔不绝地诉说时，你可以用"嗯""是""明白"以及点头、微笑等表明自己倾听的诚意，但最好不要打断孩子的话。

第三章
教育的前提是了解

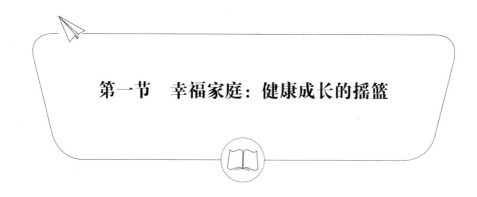

第一节　幸福家庭：健康成长的摇篮

　　幸福是一个美丽的词语，是所有人梦寐以求的，是人类生活的终极目标之一，是我们经常用来祝福朋友和亲人的词汇。那么，到底什么是幸福呢？

　　我们认为，幸福是一种心灵的感受，人们的心灵有着不同的境界和模式，所以，幸福的程度或者感受也有着相当大的差异。幸福是每一个人的需求。

一、幸福：人生追求的终极目标

　　幸福是一种个人的主观感受。这种感受因人而异，不同的人有不同的感受；同一人在不同的时间、不同的环境、不同的心理状态下有不同的感受。幸福不仅存在于适宜的比较之中，而且还与人的心理状态密切相关。不仅取决于人的思维方式，还取决于人的性格类型。不同文化程度、不同经济状况、不同年龄阶段、不同阶层地位、不同职业类型或者不同肤色人种的人等都可以获得幸福，幸福存在于人生活的方方面面。

（一）幸福是一种主观感受

　　古今中外，许多思想家、哲学家、文学家都论述过幸福。但幸福到底是什么，却一直没有定论。从 20 世纪中叶开始，关于幸福的探讨由哲学、伦理学等领域转向心理学。心理学家发现，幸福感具有复杂的结构，经济、文化等外部因素以及个人的气质特点、认知方式、行为目标等都会对幸福感产生影响。

主观幸福感是个体依据自定的标准对其生活质量的整体评价。主观幸福感是衡量个人和社会生活质量的重要综合性心理指标，具有个人评价的主观性、认知评价及情感评价的全面性，以及跨时间、跨情境的相对稳定性的特点。

1.幸福的主要成分

根据 Seligman 的理论，幸福有三个主要成分：

愉快的生活。愉快的生活是对生活的享受，包括许多积极情感，而积极情感是主观幸福感的镜子，从时间维度上分，对过去的积极情感包括满意、知足、实现、自豪和平静；对未来的积极情感包括希望、乐观、真实、信任和信心；对当前的积极情感包括直接来自愉快的满意感。

充实的生活。充实的生活，即在工作、亲密关系和休闲生活中很投入，伴随着高投入的活动人们会有一种流畅感，时间飞逝而过，注意力完全集中在活动上，忘记了自我。

有意义的生活。追求有意义的生活，包括运用一个人的力量和才能从事比自我更广泛的事业。跳出小我的圈子，服务于宗教、政治、家庭、团体和国家。追求一种有意义的生活，会让人产生满意感和生活会更好的信念。

2.主观幸福感的特点

主观幸福感有三个特点：第一，主观性，它存在于个体的主观体验之中，个体是否幸福主要依赖于自己确定的标准；第二，整体性，主观幸福感不是指个体对其某一个单独的生活领域评估后的体验，而是指个体对其整个生活评价后的总的体验；第三，相对稳定性，主观幸福感是个体长期的状态而不是瞬间的心境，是相对持久的幸福体验，而不是瞬间的情绪状态。尽管人的心境会因内外环境的变化而变化，但幸福感并不随时间的流逝或环境的一般性改变而发生重大变化。

（二）主观幸福的内容

主观幸福感重视个人的主观评价和主观感受，是衡量生活质量与心理健康的重要指标，其倡导心理的积极层面和积极品质，也逐渐成为心理健康诊断与治疗的新趋势。主观幸福感和心理幸福感共同构成幸福的全貌和本质。

1.快乐体验

快乐体验包括生活满意度和积极情感两个方面。生活满意度是个人各方面的需求和愿望得到满足时所产生的主观合意程度。生活满意感评价取决于个人的判断标准，是幸福感的核心因素。积极情感是衡量幸福感的重要指标，包括爱、乐观、自信、愉快等情绪体验。

2.生活状态

生活状态包括身体健康和生活热情两个方面。健康是幸福的良好预测指标，特别是当年龄、社会地位等其他变量保持稳定时更是如此。对于老年人来说，健康往往是幸福最有力的预测指标。生活热情是个体对生活和生命的积极态度。幸福的人热爱生活，珍惜现在，善于在生活中发现和体验快乐，对生活充满希望和感激之情。

3.积极人格

积极人格包括自我价值和人格成长。自我价值就是个体相信自己是有能力的、有价值的。自我价值感是一种稳定的人格倾向，影响着个体的行为选择和行为的积极性，也影响着个体的身心健康。人格成长指个体有不断发展和成熟的感觉，能够学习新的经验，不断改善自己的行为。

4.社会行为

社会行为主要包括亲密关系和利他行为。亲密关系是指能够和他人建立温暖的、安全的、真诚的关系。人际关系的质量与幸福感具有普遍性的显著相关，亲密关系是影响幸福感的主要因素之一，人际关系的质量可以预测幸福感的高低。利他行为表明个体的社会责任感和社会积极性。助人为乐的人比如志愿者和慈善家就是在利他行为中得到幸福。

二、幸福家庭：永恒的心愿

每年的新年贺词，都是祝朋友阖家欢乐、家庭幸福。家庭幸福是每一个人的心愿。那么，幸福家庭有标准吗？幸福的家庭该是什么样的？

美国一家调查中心在全国 25 个州的 48 家杂志上刊登了这样一条消息："如果你生活在一个幸福的家庭里，请与我们联系。我们知道许多家庭不幸的原因，但我们更想了解家庭幸福的表现。"很快，他们收到了 3000 多封回信，并按照这些回信的答案，总结出幸福家庭的 6 条标准：

一是承担责任。家庭成功的关键是时间、精力、精神和感情的投入，这种投入也叫作责任心。家庭高于一切。各家庭成员都致力于增进彼此的幸福和快乐，他们都希望家庭能够长久。对幸福的家庭来说，责任心和性忠诚是紧密相连的，婚外恋被看作婚姻最大的威胁。

二是共度时光。当问到"你认为什么能使家庭幸福"时，有 1500 多个孩子写信回答："一起活动。"其他所有幸福家庭的成员，对这个问题的看法也都完全一致。他们花大量的时间一起干活、玩耍、进餐和参加各种活动。社会学家分析说，其实我们和家人一起做了些什么并不重要，重要的是我们一起做了。

三是肯定赞美。得到他人的肯定和赞扬是人类最基本的需求之一。调查问卷及采访的结果表明，幸福家庭的成员给予彼此的赞扬远比我们预计得要多。一位母亲写道："每天晚上，我都到孩子们的卧室里去紧紧地拥抱和亲吻他们。然后告诉他们，'你们真是好孩子，我非常爱你们'。我认为在一天结束的时候，向他们表达这个信息很重要。"调查发现，那些家庭幸福的人们，对自己的家庭关系，包括与配偶、孩子和老人的关系，评价都很高。

四是相互交流。心理学家们都知道，有效的交流可以使人产生一种归属感，减轻人的失落感，减缓人的高度危机感。幸福的家庭都指出，有效的交流意味着消除误解。每个家庭成员都应努力捕捉对方的信息，了解对方的需求，并尽量予以满足。

五是精神健康。幸福家庭在日常生活中表达他们的精神准则，实际上就是身体力行他们所信仰和宣扬的东西。有个参与者写道："我们家信守一些价值观，比如诚实、责任心和宽容。但我们必须在日常生活中去实现它们。我不能一边谈着诚实，一边却在所得税报账上作弊。我不能一边嚷着责任心，一边却拒绝帮助困境中的邻居。这样的话，不仅我自己有愧，我的孩子们和所有的人也都会知道我是个伪君子。"

六是慎处危机。有两只乌鸦在树上对骂，而且越骂越凶。最后，一只乌鸦随手捡起一样东西，向另一只乌鸦打去。那东西击中对方后破裂开来。

这时，丢东西的乌鸦才发现，自己打出去的，原来是一只尚未孵好的蛋。这说明，在家里遇到问题和矛盾时，一定要保持理智，不可冲动。冲动不仅不能解决问题，反而会使问题变得更糟。家庭的最大作用，是让人可以得到归属感、支持感、信任感和舒畅感。在这里，快乐有人与你共享，痛苦有人与你分担，郁闷有人听你抒发，伤心有人给你温暖。家庭幸福的秘诀，就是"和睦、信心、希望和对未来的乐观"。

三、积极行动：创建幸福家庭

美国作家马克·吐温说过：如果可以从 80 岁开始往下活到 18 岁，人生肯定会幸福得多。但这显然不可能，我们能做的就是从现在开始，与家人一起快乐活到 80 岁。

（一）相互关爱，彼此欣赏

美国心理学家丝雷说："称赞对鼓励人类灵魂而言，就像阳光一样。没有它，我们就无法成长开花。"一个幸福的家庭，需要家人之间相互的欣赏和称赞。丈夫（妻子）需要妻子（丈夫）的欣赏和称赞；孩子的成长与发展同样需要父母亲的认可和赞赏。家庭成员之间如果能学会真心实意发现对方的长处，发自内心地赞美对方的优点，并且真诚地向对方学习，那么丈夫与妻子之间，父母与孩子之间，公婆与媳妇之间的关系就会更加和谐，更加亲密。相互欣赏，实质上是一个发现美、学习美的过程，也是获得快乐的过程。如果你真诚地欣赏、赞美对方，对方会在宽松和谐的氛围中，敞开心扉向你吐露心声。所以，学会欣赏对方也是一个学会沟通、学会友好相处的过程。

（二）及时沟通，相互理解

创建幸福家庭，家庭成员之间需要多沟通。据一份调查资料统计，78% 的家庭出现不和谐甚至解体的主要原因是夫妻之间沟通不够。重视沟通，就是重视家庭的生活质量。多沟通能消除家庭成员之间的误会；多沟通，能增进家庭成员之间的感情；多沟通，能较好地克服生活、工作中的困难；多沟通，能培养和维护家庭成员的健康心理，从而实现家庭幸福。

沟通要讲究方法。首先，家庭成员要学会互相尊重。家庭成员应该是平等的，尤其是对老人和小孩，更要尊重，这是进行沟通的前提。其次，要善于倾听。要让家庭成员毫无保留地表达自己的想法，就要善于倾听，这对每一个家庭成员都很重要。再次，要重视问题的解决。对于在沟通过程中所发现的问题，要及时解决。

在沟通过程中我们会发现，父母渴望孩子的理解，理解父母对子女的期望，理解父母对子女的一片爱心。孩子也渴望父母的理解，希望父母尊重自己的意见，尊重自己的人格。那么，什么是理解呢？父母对孩子的理解，就是换位思考，站在孩子的位置上考虑问题。孩子对父母的理解，就是要跨越"代沟"，坦诚体谅。

（三）分享快乐，分担责任

分享是一种态度，一份快乐两人分享，就变成了两份快乐；一份痛苦，两人分担，则痛苦会减半。分享是一种信念，明白了分享，就明白了快乐的源泉。生活中的分享，就是以家为圆心，以与亲人、朋友手牵手，一起走过的一个圆，分享越多，圆就越大。家庭中的分享可以引起家庭成员共有的心理或生理愉悦。分享包括物质分享和精神分享。物质分享是显性的，如对共同财产、生活消费和各种开支等的分享。精神分享则是隐性的，如文化的分享、经验的分享、快乐的分享等。

家庭中的每个成员，在享受家庭的温馨和爱护的同时，要主动承担家庭的责任。作为夫妻，在各自承担相应责任的同时，也让你的孩子分担点家庭责任吧，这不仅是对孩子健康成长的负责，更是将来孩子融入社会对社会责任的负责。要教育孩子主动分担家务劳动，提高其生活能力；参与家庭事务的决策，主动提出看法和意见；关心家庭成员，了解他们的烦恼和快乐；努力学习知识，提高能力，报答父母的养育之恩。

（四）慎处危机，缓解压力

家庭危机是指个人、家庭在生活的某个阶段出现的、用以往的方法不能解决的困难或障碍，是均衡状态向不均衡状态发展。如果一个家庭处于危机状态，亦表示家庭有压力。压力事件是指可导致人心理失衡的刺激性事件。家庭作为一个系统，无论个体还是家庭的压力事件均会影响到整个家庭。

　　家庭对压力的应对、调适取决于家庭资源的充足与否。若家庭资源充足，家庭可通过调适，恢复正常功能。若家庭资源不足，家庭调适不佳，将会导致家庭失衡，即所谓的家庭危机。家庭危机包括由意外事件引发的危机、家庭发展所伴随的危机、与照顾者有关的危机和家庭结构本身造成的危机。由意外事件引发的危机导致的家庭失衡往往无法预测，如疾病、灾害、意外事故等。家庭发展所伴随的危机指升学、就业、结婚、生育、退休、丧偶、离婚等。与照顾者有关的危机指家庭因某些原因而单方面长期依赖外部力量造成的危机，如家庭某一成员长期患病，需要照顾等。

　　家庭及个人在其发展过程中难免会遇到各种困难及压力，甚至是家庭危机，此时除了需要各种资源支持外，家庭成员之间也要互相理解，互相善待，换位思考，包容忍让，寻求解决家庭危机的有效方法，顺利度过危机。

　　拥有一个幸福美满的家庭，是每个人的冀望。只要用心去经营，家庭幸福其实很简单！

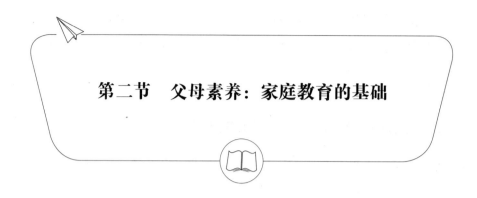

第二节　父母素养：家庭教育的基础

影响家庭教育的因素有很多，如家庭结构、家庭文化、家庭经济、父母的职业和文化程度等，这些都会对家庭教育产生不同程度的影响。大量实践表明，父母的素养是影响家庭教育的关键因素。父母素养既包括父母作为普通公民应具有的一般素养，如品德修养、文化素质、身体素质、心理素质等，也包括父母作为子女的终身教师应具备的教育素养，如教育理念、教育知识、教育能力、教育策略等。

一、父母的品德修养：正人先正己

父母的人生观和道德品质与家庭教育关系密切。父母应具备良好的思想品德和正确的人生观，它们不仅关系到教子观念的确立，也关系到孩子的培养目标和方向，还关系到教育态度的选择。如果父母有了正确的人生观，就能正确看待子女、家庭与社会和国家的关系，懂得子女并非家庭和父母私有，而是社会和国家的新一代；如果父母有了高尚的道德品质，不但会有正确的是非标准，也会按照社会的需求去教育培养孩子，从而确定正确的培养目标和方向。

有强烈的事业心和责任感，遵守社会公德，为人襟怀坦白、言行一致，严于律己，宽以待人的父母会对孩子起到良好的榜样作用。有的父母追求为社会做贡献，有的父母追求为个人谋私利；有的父母克己让人，有的父母损人利己；有的父母通过正当的劳动实现自己的理想，有的父母则是不择手段，投机取巧。不同的父母，对家庭教育的影响也会不同。

父母良好的思想品德主要表现在：正确对待国家和集体，遵守国家法律，思想跟上时代要求；正确对待他人，互相关心，互相爱护，互相帮助；正确对待工作，勤奋踏实，精益求精；正确对待生活，理性看待挫折，不为金钱俘虏，做生活的强者。

二、父母的文化素质：决定家庭教育质量

父母的文化素质也是影响家庭教育的重要因素。文化素质是指人所具备的知识结构，体现人的文化程度和文化水平。一般来说，文化素质高的父母，能够树立较正确的教子观，他们不但重视子女教育，而且教育态度端正，教育能力较强，教育效果较好。同时，文化素质高的父母，重视建立文明、健康、科学的家庭生活方式，重视文化知识的作用。因此，他们大多能给孩子提供有利于身心健康成长的家庭生活环境和良好的学习环境。但父母文化素质高，不一定就懂得如何教育子女，现实生活中高学历、高成就的文化人不会教育子女的情况并不鲜见。

孩子在发展、成长中会对周围的一切都感到新鲜。他们会向父母会提出许多的"是什么"和"为什么"。在这些"是什么"和"为什么"的问题中，包含着孩子强烈的求知欲。父母在孩子提问后，能否给予正确的回答，因势利导地给孩子以启发，促进其智力的发展，完全取决于孩子父母的知识水平。因此，父母应多读些自然科学和社会科学方面的书籍，这不仅是为了回答孩子们的"为什么"，也是以自己的学习习惯和学习热情，给孩子以良好的影响，培养孩子的学习习惯，激发孩子的学习热情。父母与孩子互相切磋，还可促进良好的家庭风气。

三、身心素质：科学施教的前提

从遗传学上来说，父母的身体素质是子女身心发展的前提。经由遗传，父母向子女传递祖先的某些生物特征，如：肌体的形态、构造、神经系统和感官的一些特征。父母身体素质好、体魄健壮，就会遗传给子女完善的神经系统和健全的感官。相反，父母因身体不健康或因近亲结婚，则可能导致子女身体畸形或智力方面障碍。从后天的因素来看，孩子身体素质如

何，取决于家庭体育运动的开展。许多父母望子成龙、望女成凤，似乎只要学习成绩好，一切就都好。多数家庭存在重视智能培养而忽视体能培养的倾向。

父母的心理素质是影响孩子身心发展的重要外部因素。父母的聪明才智表现在家庭教育中，即具有敏锐的观察力、灵活且富有创新的思维能力、科学有效的教育方法和坚定果断的意志行为。如父母具有较高的成就动机，就会诱导孩子成就动机的高度发展。父母的情感行为影响孩子性格的形成。父母的情感奠定了孩子情感生活的基础，家庭成员之间的关系构成了孩子最初的生活经验，父母及祖辈如何相互对待，正是孩子认识社会的开始。许多研究证明，家庭生活气氛对于孩子性格的形成有着十分重要的作用。有些家庭由于父母的性格暴躁或父母的感情不和，给子女造成难以弥补的心灵创伤，甚至导致孩子身心发展障碍，当孩子感到家庭充满冷漠、自私、争吵、敌对的感情时，他便会产生不满和反感。理想的家庭生活气氛是和谐的，各个家庭成员之间的关系是协调、融洽的，情感是快乐、上进的。

四、教育素养：教育成效的关键

（一）现代的教育理念

一个人有什么样的理念，就会产生什么样的行为。因此，父母们首先要具备的是现代的教育理念。这是父母教育素质的核心，它犹如方向盘或指路灯，对父母们在家庭教育中的具体行为起着重要的指导作用。现代的教育理念包含的范围很广，例如，儿童观、亲子观、人才观等。具体表现如下：玩不仅是儿童的学习方式，更是儿童的权利；教育孩子的前提是了解孩子，了解孩子的前提是尊重孩子；按照孩子的天性培养孩子；世上没有教育不好的孩子，只有不懂教育的父母；平等是代际沟通的基石；向孩子学习，两代人共同成长；学会做人是教育的核心；孩子也有失败的权利；培养孩子对知识的热爱是学习的根本目的；适合孩子特点的路才是成功的路，等等。

现代的教育理念对父母的要求也很高，要求父母与时俱进，不断学习现代教育知识，更新自己的思想和观念。

（二）家庭教育的知识

我们认为，教育子女最需要的是家庭教育的知识。家庭教育是一种特殊的活动，它有自身的规律和特点。家庭教育的知识主要应包括以下几个方面：

一是生理学知识。通过学习有关婴幼儿和青少年的生理学知识，了解孩子身体发育、器官成熟、体质增强等规律，从而能按照这些规律去科学地安排孩子的饮食、睡眠、活动、学习、保健等，指导孩子锻炼身体、讲究卫生，提高身体素质。

二是心理学知识。通过学习儿童心理学知识，了解孩子心理发展的年龄特征和个性特征，掌握孩子心理变化的规律，为对孩子实施家庭教育提供依据，从而有利于培养孩子形成良好的、健康的心理素质。

三是教育学知识。通过学习教育学知识，了解教育规律、教育原则，从而树立正确的教子观，确立正确的教育态度，提高父母的教育水平和教育能力，运用科学的教育方法去教育子女，成功实施家庭教育。

四是人才学知识。通过学习人才学知识，了解人才培养和成长的规律、条件及人才的时代特征。

（三）科学教育方法

方法是一个人实现目标的重要保证，也是一个人教育理念的主要体现。父母具备科学的教育方法，在教育子女时就会收到良好的效果。当前形势下，经验型教育方式已经过时，新时代的父母应该掌握科学的教育方法，这样才能使行为更贴近目标，才能帮助您在实现目标的过程中少走弯路。这些方法包括以下几点：经常给孩子倾诉的机会，真诚接受孩子的朋友，在家庭中给孩子一个劳动岗位，让孩子学习一些消费常识，给孩子自由支配的时间，在生活中多给孩子提供体验的机会，父亲要更多地参与到家庭教育中来，鼓励孩子相信自己的眼睛，多带领孩子亲近大自然，用平等的心态与孩子沟通。

（四）教育子女的能力

教育子女的能力，是父母素养的重要组成部分。所谓教育子女的能力，是指应用各种知识实施家庭教育的技能技巧。一般来说，父母应具备以下几个方面的教育能力：

一是了解孩子的能力。了解子女的情况，是教育子女的前提和基础。父母要善于观察孩子的言行举止和思想情绪的反应，主动接近孩子，倾听孩子的诉说、辩解，客观地看待孩子，不抱成见，不持偏见，营造一种宽松和谐的家庭氛围，以民主平等的态度对待孩子。只有真正了解了孩子的实际情况，才能发现问题，对症下药。

二是分析和处理问题的能力。教育子女的过程是针对实际情况，采取适当的方式方法，促进孩子身心健康发展的过程。了解孩子的实际，只是教育子女全过程的第一步，究竟选择、运用什么样的教育方式方法，必须依据对情况全面分析所得出的判断。

三是语言的表达能力。父母与子女的沟通，父母对子女的教育，离不开语言的交流。准确、生动、亲切、幽默的语言，是受孩子欢迎的，这无疑有利于家庭教育的实施。如果父母说话语无伦次、词不达意、啰唆重复，甚至污言秽语，就会使孩子产生反感，更不要说教育作用了。

（五）较高的生活素质

家庭教育是在家庭生活中展开的，可以说家庭生活本身就是对子女的教育。家庭生活文明、健康、科学，家庭生活质量高，孩子就会受到积极的影响；反之，孩子就会受到消极的影响。所以，父母应努力提高家庭生活的质量。家庭生活的内容包括饮食、着装、居住、交往、娱乐五大领域，要完全掌握这些知识和技能并非易事，除了需要学习之外，更主要的是要在生活中总结经验，做生活的有心人。对于父母来说，特别是具体管理家务的父母，还有一个重要的任务就是掌握家庭管理学的知识，学习合理安排家庭生活，如时间的安排、钱财的使用、家庭成员兴趣与爱好的协调。较高的生活素质会促使家庭教育收到良好的效果。

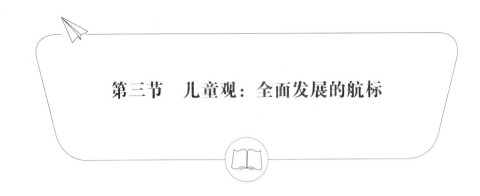

第三节　儿童观：全面发展的航标

儿童观是成人如何看待和对待儿童的观点的总和，它涉及儿童的能力与特点、地位与权利、儿童期的意义、儿童生长发展的形式和成因、教育同儿童发展之间的关系等问题。

一、儿童：成长中的独立个体

1989 年 11 月 20 日第 44 届联合国大会第 25 号决议通过的《儿童权利公约》中规定："凡 18 周岁以下者均为儿童，除非各国或地区法律有不同的定义。"法国著名启蒙思想家、哲学家、教育家、文学家卢梭在《爱弥儿》中这样说，"儿童是人""儿童是成长中的人""儿童是儿童"。首先，儿童是一个社会中的人，一个具有独立人格的人；其次，儿童是不断成长的人，是具有明显发展阶段的人；最后，儿童的本性还是"儿童"，是具有天真性格的人。成人应该尊重儿童的基本权利，遵循儿童的成长规律，正视儿童的天真本性。

首先，把孩子当作一个人，他们和父母一样是人。人有七情六欲，有美德，有惰性，有心理情感，有自尊，有智慧。可是很多时候，父母没有考虑到孩子情感、心态、兴趣、性格和认知上的差异，忽视孩子作为人的地位与尊严，只是把孩子看成"孩子"，忽略了其作为一个人的本质。这样，教育就不免进入误区。同时，父母也容易忽视孩子成长的长期性和曲折性，对孩子改正坏习惯过程中的痛苦缺乏感受，把孩子不能接受知识理解为不愿学习，把孩子不能适应误读为愚笨，把孩子的缺少自制力看成搞破坏，把孩子的不足和毛病简单确认是孩子自己的问题。这样就忽略了家庭教育、人际环境、社会和时代对孩子产生的影响。很多父母没有把孩子当"人"看，没有给孩子作为人的尊严和地位，没有给孩子做人的平等与权力，没有和孩子一起体会成功的喜悦和失落的悲伤。

其次，孩子是一个不断成长的人。孩子处在快速成长过程中，其可塑性非常强。每一个孩子都有强烈的上进心和求知欲，只要给予正确的培养和引导，都可以成为优秀的人。孩子是不成熟的人，情绪认识上也不稳定，今天悲观，明天可能又信心百倍。这是孩子的特点，父母应该了解、谅解并且进行积极引导。

再次，孩子是可能经常犯错误的人。每一个人都不可能是完美的。人都是在错误中成长并走向成熟的，没有错误没有挫折，人生就没有任何成长的机会和成功的可能。孩子是不成熟的人，犯错误是孩子成长的代价，也是孩子的权利，错误是孩子成长的阶梯，也是孩子成功的前提条件。所以，在孩子犯错时，父母应该有用包容和理解的态度，允许孩子犯错误，同时也不轻视错误，要和孩子一起冷静地分析出错的原因，寻找改正的办法，让孩子得到经验和智慧，这样错误就会成为孩子的人生财富。

最后，孩子是可以教育好的人。每一个孩子都有巨大的发展潜能，所谓的坏孩子和差生，是父母不懂教育，错误教育造成的。不能正确地认识孩子的个性特点和成长规律，盲目、片面地追求学习成绩，拔苗助长，难免过犹不及，欲速则不达。

当今的孩子表现出了鲜明的时代特征。在信息化、网络化的时代，他们知识更加丰富，眼界更加开阔，信息观念大大增强。当今社会舆论不一、各种声音共鸣的现实又使得他们变得比以往难教了。所以，父母要理性看待孩子的变化。

二、走近孩子：了解儿童的烦恼

儿童是一个发展的个体，发展性、多变性和可塑性是儿童心理的最大特点。所以，周围环境的种种变化，都会不可避免地影响孩子的心理成长。近两年，国内多项流行病学研究资料也提示，儿童情绪和行为等问题的发

生率，确实是在明显增加。有 10% ~ 30% 的青少年儿童存在各种不同程度的心理健康问题，主要表现在强迫、人际关系的敏感、抑郁、偏执和敌对等。中国青少年研究中心的《少年儿童研究》杂志还提出一个口号："教育孩子的前提是了解孩子。"那么，孩子们存在哪些烦恼呢？

（一）孩子有孩子的烦恼

天津市安定医院心理诊疗中心对 1800 名中、小学生进行的问卷调查结果显示，有八大烦恼困扰着青少年儿童。这八大烦恼是：学习成绩不理想，没信心学好（占36.9%）；总有做不完的作业（占34.8%）；父母只知道关心学习成绩，不能理解我们（占32%）；父母总不让我玩，没时间玩（占31%）；只喜欢电脑游戏，其他活动没意思（占26%）；没有朋友，感到孤独（占21.8%）；爸爸、妈妈总爱争吵，家庭气氛不愉快（占18.4%）；老师偏心、不公平、武断、严厉、唠叨，因此不喜欢老师（占16.8%）。

位列首位的是孩子对学习的担忧。其主要原因不仅在于学校、老师、父母甚至是全社会都过分关注孩子的学习成绩，还在于大家严重曲解了"学习"的含义，把学习仅仅看作读书、做题、考高分。其实，学习是由经验所引起的行为或心理的变化。这种变化，有的是可以从孩子行为的变化中直接观察到的，如孩子从不会走路到学会蹒跚前行，从不懂得游戏规则到熟悉社会规范。有的是态度等内部心理结构的变化，会在以后的行为中表现出来。从学习的范围讲，孩子不仅要学会认知，还要学会做事、做人、生存；不仅要学会知识，还要掌握技能、培养情操、调适心理。这些都被不少父母忽略了。一味地强调孩子的学习成绩，只能使孩子畸形发展。

父母不和对于孩子来讲是心理上的电闪雷鸣、雨雪交加。和谐的家庭气氛对于孩子的成长，就像充足的阳光和水分。父母的关系就是孩子的天空，乌云密布的天空不仅妨碍孩子身心的健康成长，往往还会给孩子留下终生的心理阴影。

（二）走进孩子的心理世界

有一位母亲很喜欢带着 4 岁的女儿逛商场，可是女儿却总是哭着不愿去，母亲觉得很奇怪。商场里琳琅满目，孩子为什么不喜欢呢？有一次，孩子的鞋带开了，母亲蹲下身子为孩子系鞋带，在抬头的一刹那，她突然发现了一种从未见过的可怕景象：眼前晃动着的全是腿和胳膊。

"蹲下来看看孩子的世界""蹲下来跟孩子说话"应该成为我们的习惯。切记，教育行为开始之前一定要换位思考，站到孩子的角度，才能走进孩子的世界。

方法一：父母应当学会用心去倾听孩子的心声。父母要肯花时间，要有耐性，做个有修养的听众。当孩子想跟父母说话时，父母应尽可能放下手头的工作，全神贯注地听孩子说。如果一时抽不出空，要给孩子一个合理的解释，并一定要和孩子另约一个时间，一定要给他倾诉的机会。

方法二：父母要学会用心走进孩子的世界。父母要积极地发现孩子的优点，赏识孩子的优点。获得自尊和赞扬是孩子的一种需要，这种需要的满足会使他们形成积极向上的品质，充分发挥自己的潜能。此外，父母应把给孩子发言的机会和听取孩子的意见、建议作为一种习惯。

方法三：父母要学会用心去和孩子交流。有的父母认为孩子是自己的，总是强迫孩子服从自己，在做出决定之前不与孩子商量，不论孩子是否同意，都必须按照父母的要求去做。还有些父母很少和孩子有平等的沟通，父母与子女的谈话几乎都是对孩子的指责，甚至对子女采取严厉的言语攻击，这样很容易伤害孩子的自尊心，造成亲子之间的隔阂和对立，甚至处于敌对或冷战状态。

方法四：用心体察孩子的情绪、行为变化。孩子在出现心理问题之前，一般会出现情绪、行为及生理方面的异常变化。这些外在表现和变化可以看作儿童的心理求助信号：一是情绪方面的表现，如恐惧、焦虑、容易生气、情绪低落、兴趣减少或多变、产生敌意、不愿上学、想轻生等；二是行为方面的表现，如离群独处、沉默寡言、不与同伴交往、缺少运动、精神不集中、过分活跃、暴力倾向、逃学、偷东西和强迫行为等；三是生理方面的表现，主要是头部和腹部的不适感，如头痛、腹痛、恶心、呕吐、厌食或贪食、入睡困难、早醒、耳鸣等。

总之，父母的心理健康对孩子具有重要的意义，美国心理学家艾利斯认为，父母的心理素质对儿童的心理健康具有深远的影响，一个情绪平稳、

心态豁达、行为理性的父母，会使孩子的身心得到健康发展，并为他们的健康人格奠定基础。如果成年人心理不健康，会在不经意中向孩子传递不健康的思维方式和行为模式，这时要求儿童具有健康的心理就是"空中楼阁"。现代社会，快节奏的生活、高强度的工作、巨大的精神压力，都有可能使成年人处于心理上的亚健康状态。及时调整自我心理轨迹，为子女展示健康向上的精神风貌，也是为人父母的责任。

三、尊重孩子：教育的最好良方

教育孩子，首先要尊重孩子。孩子受到尊重，而后才能产生自尊。有些父母虽然明白尊重孩子的道理，但在实际生活中却做不到。在他们眼里，孩子仿佛是自己的私有财产，必须完全服从自己的安排。他们往往把孩子置于完全依附自己的位置上，没有把他们当成一个独立的个体来对待。一旦孩子的行为与他们的要求相左，或达不到他们的期望与要求，轻则斥责，重则棍棒相加。只有建立在正确的认识基础上的尊重，才能成为真正发自内心的自觉行为。

（一）尊重孩子的基本权利

随着社会的进步，尊重儿童权利的问题日益受到人们的重视。1959年联合国大会首次通过了《儿童权利宣言》，1989年又通过了《儿童权利公约》，明确规定了儿童的生存权、发展权、受保护权和参与权。儿童的生存权包括生命权、健康权和医疗保健的获得；儿童的发展权是指儿童拥有充分发展其全部体能和智能的权利，具体指信息权、受教育权、娱乐权、思想和宗教自由、个性发展权等；受保护权提出了反对一切形式的儿童歧视，保护儿童的一切人身权利；参与权是指儿童有参与家庭、文化和社会生活的权利。

《儿童权利公约》可以说是人类在对待儿童问题上的最重要的文明成果，是约束现代各国儿童政策的国际性公约，也是当今成人正确对待儿童、父母善待子女的指导思想。作为现代社会的父母应该关心和了解这些知识，并努力实践之。

（二）遵循孩子成长发展的自然规律

儿童的发展过程是一个自然的进程，无论是孩子的生理发展还是心理发展，均有其自身发展的内在规律。许多父母因为缺乏家庭教育基本理论，不了解孩子的成长规律，往往采用"拔苗助长"的方法，反而达不到父母所希望的预期效果。违背孩子发展的规律，表现为儿童教育成人化，或是青少年教育儿童化，使孩子生理发展与心理发展不同步。父母往往付出大量时间与心血，孩子却出现很多困惑。这不仅加重了孩子的认知负担和心理负担，而且往往事与愿违，耽误孩子的发展。父母在急于求成的心理驱使下，往往只能接受孩子的成功，不能接受孩子的失败。在这种状况下，谈不上尊重孩子。其实，孩子们需要的是自然发展，父母应让他们循序渐进地走完每一个发展阶段。

（三）尊重孩子的独立人格和自我意识

身为父母，要认识到孩子是一个独立的个体，孩子虽然年幼，但他们有独立的人格和自我意识，他们有自己的想法和观点。父母不能因孩子的弱小、对成人的依赖，而无视他们独立人格和自我意识的存在。

孩子的自我意识是孩子社会适应性发展的基础，没有良好的自我意识就没有良好的社会适应性。自我意识包括自我感觉、自我评价、自尊心、自信心、自制力、独立性等。在儿童时期，这些素质发展不好，就会影响他日后适应社会的能力。孩子最早的自我意识来自父母的评价，父母的正向评价能使孩子感到做人的价值。其实，早在两三岁时，当孩子提出"我自己来""我自己做"的要求时，就已经表明他的自我意识正在逐渐形成，他们会尝试着去做每一件事。可是许多父母生怕他们做不好，总是包办代替，从而剥夺了孩子学习与锻炼的机会。当孩子长大后，父母又指责与埋怨孩子没有生活能力，这对孩子来说是不公平的。因此，父母要通过各种方式以实际行动支持孩子的各种尝试，允许孩子失败，对孩子表示信任，让孩子拥有独立的空间，给孩子一定的自主权，尊重孩子的选择，善待孩子的朋友。

尊重孩子，还要注意保护孩子的自尊心。心理学家认为，自尊是一种精神需要，是人格的核心。维护自尊是人的本能与天性。孩子的自尊心是他们成长的动力。保护好孩子的自尊心，增强他们的自信心，这是做合格父母的前提。父母应懂得孩子的自尊心是他们一生做人的资本，不能伤害与践踏它。

（四）给孩子一定的成长空间

我们经常听父母说，现在的孩子不愁吃不愁穿，要什么有什么，真是身在福中不知福。可孩子们说，爸爸妈妈总是逼着我学这学那，一点儿自由都没有，真没意思。为什么孩子备受宠爱，却感受不到快乐呢？为什么父母省吃俭用，却得不到孩子的理解？其主要原因在于父母总是以自己的愿望和感受来替代孩子的主观需求，忽视了孩子渴望得到尊重、渴望独立自主、渴望自由创造的需要。这些需要的满足，才能使孩子感到真正的快乐和幸福。孩子在幼年时期是用身体、用活动去感知世界和认识自己的，而不少父母却剥夺了孩子的这种学习方式和活动权利，用各种各样的"兴趣班"把孩子活动的时空都占据了，这对孩子的发展十分不利。

尊重孩子，就要把自由和独立还给孩子，让孩子自主选择、自由探索。父母的责任在于引导孩子的行为合乎社会的规范。孩子成长的每一个年龄阶段都有其特有的身心发展特点和生活内容，父母应给他们一定的自由空间，把原本属于他们的权利还给他们。只有这样，孩子身心发展的巨大潜能才能得以挖掘。

（五）承认孩子间的差异

由于受遗传因素和不同环境的影响，孩子间存在着一定的发展差异，这并不奇怪。可有些父母总喜欢拿自己的孩子与别人的孩子作比较。当自己的孩子比别人强时，父母就沾沾自喜，反之就不停地数落、讽刺、挖苦自己的孩子，这种打击很容易使孩子自卑、消沉、迷惘。孩子由于受知识、年龄、经验的限制，他们往往以父母、他人的看法来评价自己，过多的批评、责骂容易使年幼的孩子迷失自我。其实每一个孩子的身心发展特点都是各不相同的，父母不能用别的孩子的长处来打击自己孩子的自信，也不要因孩子某方面的欠缺而否定他的一切，更不能照搬别的孩子的成功经验来培养自己的孩子。父母要有足够的勇气承认并正视孩子间的差异，以良好的心态耐心引导孩子，使他们健康成长。父母要牢记，对孩子的信任与尊重是促使孩子健康成长的最佳营养品。

当然，尊重孩子并不是一味地顺从孩子，而应追求尊重与要求的和谐统一。作为父母，要放下架子，把自己放在与孩子平等的位置上，努力寻求与孩子心理上的沟通与默契。爱孩子，尊重孩子，使他们从中感受到父母的爱和其自身的价值，并由此学会尊重父母、尊重他人，这才是最有效的教子良方。

第四节　成长标杆：父母的价值观

一、有独立人格的父母有健康的价值观

别人的孩子是优等生，自己的孩子却是差等生，跟别人谈论孩子时简直说不出口。别人的孩子是钢琴比赛的冠军，自己的孩子却是"小偷"，经常偷钱去打游戏，混得像个二流子，自己一点办法也没有。别人的孩子出人头地，自己的孩子却成绩平平，没有什么作为。别人的孩子与父母其乐融融，自己的孩子却与自己说不上三句话，冲突是亲子之间的主旋律。

是的，在教育孩子方面不如意的父母有很多，他们总是责怪这、责怪那，当然也责怪自己，责怪自己文化程度低，不能教育好孩子。但是，责怪是没有用的，在孩子的成长过程中，你没有用实用有效的方法来培养孩子，等他到了 18 岁，性格成型，已经来不及了。

把孩子培养成有用的人才不是一件简单的事，但也不是一件复杂高深的事。只要方法得当，潜移默化，相信你能培养出一个精神健康的孩子。对孩子的培养总体上可以分成两个部分，一是身体的培养，二是精神的培养。一个孩子有健康的体魄，有独立健全的人格，那么他就是社会中一积极分子，你的培养就算大功告成。相信前者对于大多数父母都没有什么问题，而后者比较棘手。如何让他有健康的精神世界，青出于蓝而胜于蓝，这是每个父母的愿望。精神世界的培养很重要。例如，有两个家庭，一个家庭富裕，但父母们忙于生意没时间照管孩子；一个是清贫的知识分子家庭。富裕家庭的孩子生活非常优越，但往往不务正业，因为他不能从父母那里获得精神培养。但是知识分子家庭很重视孩子的精神素质，对其有普世的价值引导，使孩子往往能够自立。这是我们能到看到的比较普遍的现象，足见精神培养的重要性。

那么，父母想对孩子进行比较正确的家庭教育，需要怎样的素质呢？是不是需要渊博的知识？那未必，许多农民懂得并不多，而他的孩子却很懂事，自学成才，说明知识并不是必要条件。是不是需要文化程度高？那也未必，中国20世纪七八十年代的父母辈文化程度都不太高。是不是需要特别的教育知识呢？这也未必，教育知识多，但是如果不能针对你自己孩子的情况，不能因材施教，也没有用。

我觉得，首先父母需要的是健康的价值观，然后将正确的价值观与孩子共享，这就是潜移默化，是最好的教育。中国人的价值观很多，有的希望孩子出人头地，有的希望孩子光宗耀祖，有的希望孩子圆自己未能圆的梦，有的希望孩子能赚很多钱不辜负自己的培养，有的放手一搏希望孩子能成为超男超女，有的希望孩子能够继承自己的家业。这些愿望都不算错，都属于望子成龙，但是都有点强人所难，都属于不太健康的价值观，一开始就不对。如果孩子的发展方向与父母的愿望方向相悖，以后就越来越不对，父母对孩子的培养就会成为与孩子的斗争。这说明父自己的价值观不对，传统的很多价值观都不对，我们必须调整。很多父母为什么教育不好孩子，并非文化程度不够，知识不够，而是没有正确的教育价值观，对孩子的要求不是迁就就是霸王硬上弓。

二、观念培养最重要

孩子两三岁时就可以对其进行精神方面的培养。说是培养，其实不要太刻意，就是在玩乐沟通中完成，而不是去灌输。

两三岁的孩子就有自我意识了。你给他东西吃，他高兴，你不给，他不高兴，这就是他的意识。也就是说，这时候，你可以跟他进行很原始的沟通。比如，你告诉他一些东西不能吃，聪明的孩子能接受你的观念。他记住了，有些东西不能吃，吃了对身体不好，孩子能够自发地开始理解。这就是有意识了，再发展就可以形成观念。在观念形成的阶段，就可以培养是非观。培养是非观念可能贯穿孩子的整个教育阶段，这也需要父母有很正确的是非观。

案例分析

陈某，20岁，因为赌博，欠了一些钱，又怕人到家里索债而被母亲骂，于是一天晚上拿着一把斧头去一户人家偷钱，斧头本想是用来防身的。他潜入户主的儿子屋里，也是个十几岁的孩子。这个孩子被惊醒，翻了个身，陈某非常惊慌，以为自己被发现了，冲上去用斧头把孩子砍死，然后从抽屉里偷了一千块钱逃出来。只不过两三天陈某就被逮捕归案。陈某的母亲痛哭流涕，说家里就这孩子最聪明，还等着他出息呢，哪想到他会犯杀人盗窃罪呢！可是后悔已经来不及了。

专家认为，这个案件虽然罪在孩子，但责任还是在父母，父母在孩子18岁之前没有给他培养正确的是非观念，导致他在关键时刻没有是非对错的判断，棋错一着满盘皆输，整个人生都毁了。

我们分析一下陈某的错误观念。首先是赌博，赌博是非法行为，他没有非法不为的观念。虽然这不算很严重的错误观念，但确实相当普遍，因为现在孩子玩的很多网络游戏，都是变相赌博或者过度消费行为（父母们要小心，这往往是走向错误的第一步）。其次是输了钱以后，决定偷。父母没有帮他确立偷是犯法行为的观念（许多小孩子偷家里的钱，父母知道后不以为意，实际上家贼是外贼的必经之路）。对犯罪后果的无知导致陈某犯下了大罪。

所以说，是非观念的培养应贯穿孩子的整个教育阶段。没有强烈的是非观念，孩子在关键时刻就很难做出正确的判断，通常我们会说这个孩子真"二"，什么"拧巴"的事都敢干。

通常父母有什么样的观念，孩子也会有什么样的观念。父母不孝顺老人，将来孩子也未必孝顺自己。观念的培养，如春雨润物细无声。例如，你五六岁的孩子跟你一起去海滩上玩。他在海滩上捡了一个玩具，很是喜欢，于是就占为己有，自己玩了起来。这时候你怎么办？你必须要告诉他捡来的东西应该还给他人，并帮他树立正确的价值观，要不然养成贪小便宜的习惯，以后吃亏的还是他自己。那么，具体应该怎么做呢？你应该坚定而温和地对他说："这是别人的东西，我们应该归还别人。"而不是把玩具抢过来直接还给别人。小孩还没有是非观，他因为喜欢这个玩具，所以他淡化物归原主的意识，他在喜欢的欲望驱使下，便很想将玩具变成自己的。在他爱不释手的情况下把玩具抢过来，虽然给他说明了正确的价值观，但是方法并不对。他对你的做法是反感的，可能认为你侵犯了他的权利，心里并不服气，甚至会想，以后捡到东西，都不让爸爸妈妈知道了。这样不但没有帮孩子树立起物归原主的价值观，而且使孩子与父母产生矛盾，没有起到教育的作用。你还可以用一种商量式的做法，比如你可以跟他一起欣赏这个玩具，说："真漂亮，不过哪个小朋友丢了心里都会很着急的，我们是不是该还给他？假如我们东西丢了心里也一定很着急，希望别人也会还给我们。"先从情理上把这一观念说清楚，让孩子自觉地接受这一观念。然后带孩子一起去把玩具还给他人，在还给他人的过程中让孩子体会到实施这一观念的快乐，甚至可以给孩子一定的嘉奖。如果能够做到这么完美，那么，捡到东西要还给他人这一观念在孩子的心里也就树立起来了。

还有一些孩子，眼馋，比如看见小朋友玩好玩的东西，吃好吃的东西，自己也一定要，甚至会哭。这时候父母为了制止他哭，就会跟别人家要过来，给他玩，给他吃。这种做法也无形中纵容了孩子的占有欲，这种占有欲在无限制的情况下是很可怕的。正确的做法是，你宁可让孩子哭，也不能跟人要过来给他玩或吃，要跟他说这是别人的东西，不能无理占有。这样他以后就会有一种观念：别人的东西我不能强行占有，哭也没用。

孩子形成一定的是非观之后，就会有意识地发展自己的是非观，这时，你会发现你的孩子很"乖"，聪明懂事，有自己的看法。他有观念，就会有自己的意见，有自己的判断，甚至会纠正大人的错误，还会发觉有人夸你的孩子聪慧，不是卖乖、讨巧的那种小聪明。你会觉得孩子已经有了社会人的雏形。对孩子观念的培养是渗透在日常生活中的。比如，一只挣扎的小鸟落在地上，小孩子往往会去折磨它，这是小孩子好奇的天性所致。这时你告诉他，小鸟跟人一样，它受伤了会疼，而且它妈妈正在等它回家。

接下来可以跟孩子一起做救治的工作。如果救治有效，看到小鸟能飞起来，孩子得到的快乐将是玩任何游戏都比不上的。而他得到的对生命的尊重与珍惜的教育也是课本上根本学不到的，并且已经渗透到他的心灵中了。这样教育出来的孩子，长大了会成为杀人犯吗？不可能的。他在道德感上已经建立起很强的堡垒，永远不会触及道德和法律的底线。

很显然，父母自己首先要有人性的光芒，才能激发孩子的人性光芒。观念决定了孩子一生的大方面，但却要从小事做起。在有孩子以后，父母们一定要注意不要有不良举止。

三、给孩子的定位不是让他出人头地

有一些父母，从小家里比较清贫。长辈和老师都会教育他们，吃得苦中苦，方为人上人。他们也确实经过了一番奋斗，吃了好多苦，才换来个有吃有住，让孩子安心生活的环境。自己都亲身实践了，那么父母肯定认为这是真理，更加相信吃得苦中苦，方为人上人。因此，父母都想让孩子将来更上一层楼。

显然，这种思想是错误的，说严重些，这是封建残余，是等级制度思想的残渣。有了这种思想，父母在教育孩子上就会过分用力，欲速则不达。

中国人的望子成龙的心态是从封建时代遗留下来的。在古代，一个家族想出人头地，除了考试当官，没有别的路可走。如果你做个手工业者，会遭人歧视；做点科学家发明，属于旁门左道，甚至会有人举报你妖言惑众；你有娱乐天赋，卖卖唱什么的，更会遭人歧视，被认为有辱门风。总之，在古代你想靠自己的天赋出人头地，是很难的。现代社会不一样了，分工很明确，平等意识加强，行行出状元，人人都可以在各个行业展现自己的天赋，获得自己的人生价值。但是，封建社会那一套出人头地的思想其实没有消除，你只要看见一群父母聚在一起对比自己的孩子，你就会发现，他们没拿自己的孩子当个"人"，而是把他当作品牌，给自己赚门面呢。这个品牌不对，所以必须先端正父母对孩子的态度。

有的父母，自己是企业老总，就想让孩子将来能继承自己的事业。曾

经有一个孩子，大学刚刚毕业，说父母是开工厂的，想让自己毕业后去他们的工厂做管理，最后做继承人。可是，他十分惶恐，因为他最怕做管理，根本不想做，他只想去那里做个普通的员工，过简单的日子。赶鸭子上架是不行的。

所以，初为人父人母，就像初进考场一样，千万不要奢求，不要想得100分，要保持平常心，这样才能发挥出最好的水平。孩子绝对不是用来炫耀的，也不是被指定来做什么事业的，父母如果在这个问题上态度不端正，孩子可能也跟着遭殃。有一个做母亲的，总是炫耀她孩子怎么考第一，很虚荣，结果孩子大学都没考上。其实是孩子为了满足母亲的虚荣心，平时说了假话。这位母亲从没有真正地了解过自己的孩子。

当然，我们也不是反对父母让孩子成才，让孩子成为某一领域的顶尖人物是每个父母都期望的。这涉及对孩子的智性发掘，而如何发挥孩子的潜能，这个后面会说到。但是，这个绝对不是在孩子很小的时候就需要做的事，今天流行学钢琴，明天流行学英语，后天流行学京剧，父母想让孩子样样都学，样样学出点门道，说不能输在起跑线上，这是不对的。根本就没人跟你比，怎么会输？孩子是个小宇宙，自己完善自己最重要，别跟社会潮流凑热闹。

那么，孩子在你眼里应该是个什么呢？从广义上说，在地球上，他就是个生物，与万物平等。在人类这个范畴，他就是一个人，一个普通人，将来能做什么不是你现在就能计划的。父母教育孩子的目的是想让孩子能够快乐地过一生，让他成为一个合格的社会人。有这个平常心，你的家庭教育就会有一个正确的起始，不会早在一两岁的时候就为孩子选择好学校、选择好老师，并为此着急上火。孩子最重要的老师是父母，孩子最需要的是父母的智性沟通，情感孵育。

四、每个孩子都有自己的天赋

父母肯定特别想知道，我的孩子成绩那么差，是标准的差等生，他有天赋吗？在哪里？你能告诉我吗？

对孩子天赋的发掘其实不必着急，从一岁到二十几岁的每个阶段，孩子的天赋都可能显现。当然，像能弹钢琴这样的天赋，必须请专业人员来判断。一般地，我们可以从他的兴趣，甚至从血型、从星座方面发现孩子的天赋。

也就是说，一个优等生，他的智力因素可能很早就会显露。一个中等生，发展也会比较健全均衡。一个差等生，他不太适应应试体制，需要父母更耐心地给他建立一个新的平台，但是不要让他在自卑中埋没了特长。优等生和差等生，是基于学校教育体系而分辨出来。对父母来说，没有差等生，你必须对你的孩子有信心，你还是要培养他健全的人格。能力方面，只要你足够细心和用心，迟早有一天他会给你一个惊喜。

第四章
父母教育：为和谐社会奠基

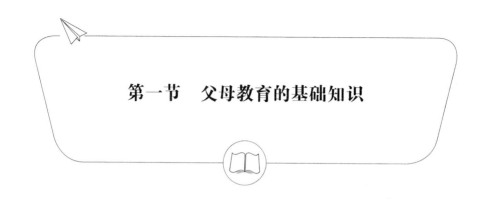

第一节　父母教育的基础知识

家庭是永恒的社会现象，每个人来到世界上，首先接触的是家庭并借助家庭生存与发展，延绵种族，维系社会。几千年来，中国的家庭孕育了占世界人口四分之一的炎黄子孙，谱写了壮丽的家庭发展史。

抚育子女自立于社会并造福人民显示了家庭教育的伟大功能。中国的家庭教育是中华民族灿烂文化的一部分，涵盖着社会学、人类学、历史学、教育学、心理学等多学科的精粹；也是揭示家庭成员、亲子等各种关系的学问和艺术。中国家庭教育学成熟之时正是国家兴旺、民族富强、傲立于世界之林之日。

中国的家庭教育在整个教育体系中与学校教育、社会教育"三足鼎立"，相辅相成，然则，它却是一切教育之源。

家庭是以婚姻和血缘关系为纽带的社会组织形式，是社会的细胞。在家庭的各种功能中，家庭的教育功能占有十分重要的地位，并依不同的社会形态、家庭形态表现出不同的特征。随着现代社会的发展，家庭的教育功能在不同方面可能表现出强化或弱化的趋势。但只要家庭存在，家庭的教育功能就不会消失。可见，家庭教育是家庭的永恒功能。

一、家庭是社会的细胞

家庭如同其他社会关系和社会组织一样，不能脱离社会而独立存在。社会是家庭的舞台，社会环境是家庭的背景，如果把社会看作一个巨大的有机结合的整体，那么，家庭则是组成这一有机体的细胞。在社会中，只有家庭才能既反映社会的经济基础，又反映社会的上层建筑，比较全面而生动地展现社会生活的基本现象。

历史证明，家庭生活的正常展开，家庭细胞新陈代谢的正常进行，对于保护社会肌体的健康，实现社会的更替和延续，都是十分重要的。

家庭作为社会的基本群体，具有亲密结合与合作的特征，它为人们的社会生活提供了基本的生活环境，为人们实现社会化提供了基本条件。

家庭借助于社会生活制度及其规范，维系人类社会的正常生活，并不断强化社会规范。出于社会生活的需要，不同的社会制度下，有不同的复杂而有系统的行为准则，家庭制度则是社会制度中最为普遍，且历史最为悠久的制度。

家庭生活的社会化决定了家庭成员的生活要依靠各种社会关系来维持。家庭的产生与人们的衣、食、住、行的生活需要获得满足相联系，并且与生产工具和生产方式有直接关系。人出生后，首先是与父母双亲、兄弟姐妹同居共处，随即产生了家庭成员间的关系；然后，家庭成员逐步走上社会，进一步发展了各种社会关系。从这个意义上说，家庭就是最初的社会关系。

在社会生活的组织形式中，与其他社会关系不同的是，家庭具有自身的自然属性，即家庭是人类以两性结合和血缘联系为自然条件，以延续生命为基本功能的特殊的社会组织形式。男女两性的差别和人类固有的性的本能，构成了婚姻与家庭的生理基础。父母与子女、兄弟与姐妹等家庭成员之间存在着血缘上的联系，由此决定了家庭具有其他社会组织所不具备的生物功能。离开了该种自然条件，便无所谓家庭。从另一方面讲，人的本质是"一切社会关系的总和"，社会性是人类的根本属性；家庭的性质和特点主要由其社会属性所决定。一定的家庭形态同社会发展的一定阶段相适应，只有从自然与社会双重属性出发，依据一定社会历史的发展阶段为背景去认识家庭现象，才能正确地阐明家庭的本质及其发展规律。

二、家庭的教育功能

家庭是小社会，社会是大家庭。社会发展中的一切现象，都会在家庭

生活中或多或少地有所反映。家庭的社会功能主要表现为：繁衍子孙，延绵种族；促使成员形成社会认知和个性；家庭成员生产、分配及消费的场所；是人们最初的，也是终身的学校。

一般说来，人在早期生活中，随时随地都在向家庭成员学习经验、思想、行为模式，并获得各方面能力的非正规的培养教育。家庭教育是家庭内在的、固有的功能之一。这是因为家庭不仅要完成人口的自然再生产，而且要完成人口的社会再生产。即不仅要为社会提供"生物人"，更重要的是要为社会培养"社会人"。家庭是实现个体由"生物人"向"社会人"过渡的第一个场所，也是向新生一代实施终身教育的地方。来到世间的柔弱的婴儿，缺乏独立生存的能力，是家庭为之提供了维持生存、健康发展所必需的物质生活资料；为了使其适应生活，家庭还必须为之提供良好的精神环境，传授其社会生活经验，道德规范以及社会生产的知识、技能，使之掌握独立生活和进行劳动的本领。这些都要经由家庭中长者的抚养和教育，方能实现。家庭教育虽然是由个体家庭来承担，但不是与社会无关的家庭私事，而是人类教育全部活动的组成部分。家庭教育和学校教育、社会教育相互联系、相互补充，构成一个完整的教育体系。

家庭作为由婚姻、血缘关系组成的特殊的社会组织形式，决定了父母与子女之间在社会、经济以及伦理等方面的双向影响关系，这些关系受到法律的确认和保护。当前，我国《宪法》及新《婚姻法》都明确规定："父母有抚养教育未成年子女的权利和义务。""父母有管教和保护未成年子女的权利和义务。"指出教育子女是每个有子女的公民所必须认真履行的义务，不允许任何人借故推却。这些显示了家庭的教育功能与家庭的不可剥离性。

长期以来，家庭教育功能处于自发状态，并随社会的发展，日益呈现出自觉加强的趋势。这一方面说明了教育的进步，人类以自我完善为目的的建构活动已经渗入每个家庭；另一方面也说明了家庭的进步，从维持生存的需要到发展的需要，说明了家庭功能的巨大进步。

受社会经济、文化、科技发展的影响，家庭教育的功能呈现弱化与强化两方面的发展趋势。

弱化的趋势表现为两个方面：

其一，我国社会的进步和社会化大生产的发展，决定了城市的家庭已不再是社会生产的基本单位，家庭的生产职能向社会转移。

农村的家庭中尽管仍保留着部分的生产职能，但一些传统的个体农业技艺、劳作技能已随着科学技术的进步而削弱。特别是有文化的年轻人，已不满足于在家庭中学习经验，而是着眼于社会大生产的更广阔的天地。

其二，随着教育事业的发展，家庭教育的某些任务正逐步向社会教育转移。

各种类型的保育院、托儿所、幼儿园等学前教育机构的发展和完善，使本来由家庭承担的管理教育幼儿的责任相对减轻。又如，当前社会人才竞争激烈，父母望子成龙，不满足于学校教育的基本要求，各类课余辅导班、训练班应运而生，以满足父母的需要。家庭教育的某些内容被社会教育所代替。

强化的趋势表现为以下三个方面：

其一，许多家庭面临独生子女的现实。

由于人民生活水平的不断提高，父母除了能满足家庭成员衣、食、住、行等方面的基本物质需求外，还有余力开发子女的智力，丰富他们的精神生活。父母用于独生子女的教育投资不断增加，许多父母不仅为子女购买玩具、学习用具、课外书籍，还为子女添置手机、电脑，甚至创造条件，携子女到各地旅游，以增长其见识。

其二，以核心家庭为主的家庭机构，范围缩小，序列简单。

家庭教育中的认识与行为，在以核心家庭为主的家庭结构中易于统一，教育要求也比较容易一致。特别是在独生子女家庭中，父母对子女倍加疼爱，乐于接受优生、优育、优教的措施，他们对家庭教育十分重视，肯在子女身上下功夫。

其三，我国现代化建设需要德才兼备的优秀人才。

当今社会需要的人才，不仅要具备广博的文化科学知识、创造才能和精湛的劳动技能，而且要具备良好的道德修养、思想素质和处世能力等。家庭教育在这些方面的影响和作用，是学校教育、社会教育不可替代的。由此可见，家庭教育的功能应得到强化。

三、家庭教育的内涵及其一般特征

《辞海》对家庭教育的解释为：父母或其他年长者在家庭里对儿童和青少年进行的教育。家庭是教育后代的重要阵地，要与学校、社会密切配合，统一教育影响，使儿童、青少年在德育、智育、体育方面都获得发展。

郑其龙等编著的《家庭教育学》中指出："教育是一定社会对新一代有目的、有系统的培养教育……家庭教育是父母对子女的培养教育，它是整个教育的组成部分或分支。"

一般认为，家庭教育是在家庭生活中发生的，是以亲子关系为中心，以培养社会需要的人为目标的教育活动，是在人的社会化过程中，家庭（主要指父母）对个体（一般指儿童、青少年）产生的影响和作用。近年来，在家庭教育研究中，一些专家学者强调了家庭教育是指家庭成员间的互动关系，即父母与子女的双向沟通，相互影响。

家庭教育的一般特征表现在如下几个方面。

（一）家庭教育的启蒙性

早期的家庭教育与影响，对一个人思想观念的形成、智力的发展、性格的培养具有重要的启蒙意义。一个人在家庭中发展起来的身心能力如何，将决定他日后接受各种教育影响获得身心发展的能力。成功的家庭教育，是人才成长的基础；家庭教育的失误或不足，将给人的一生带来不可弥补的缺陷或障碍。

生理学研究证明，学前阶段是儿童身心发展最快的时期，出生第一年脑的发展速度最快。在这个时期，给以足够的营养及合理的训练，将促进脑的发展。反之，则会贻误时机。这一阶段，承担儿童养育、训练、教育责任的，是家庭。脱离家庭养育的儿童会出现不同程度的生理缺陷或个性障碍。据报载，至今世界上已有数十例关于兽孩的报告。兽孩是儿童同人类社会隔绝，长期持续地保持社会剥夺的结果，它给我们的启示是：人生落地，不一定都成为社会人。在狼的世界里将成为"人狼"；与猪为伍，便成为"人猪"，说明人之初一旦被剥夺了社会的启蒙教育，减少乃至丧失了语言、思想交际等社会刺激，人的能力也就会丧失殆尽，日后即使返回人类社会接受教育也难以成为正常的人。相反，许多早慧儿童、少年英雄，都是在早期接受了良好的家庭教育。苏联教育家马卡连柯曾经说过："儿童教育的最重要的阶段，就是儿童初生几年的最初阶段。正是这个时期，儿童的脑和感觉器官才发展得特别急促，许多偶然的联想——人的心理基础，特别迅速地形成起来，牢固起来。"而儿童最初几年的绝大部分时间，正是在家庭中度过的，家庭教育的影响将在孩子的一生中留下不可磨灭的印迹。我国教育家蔡元培先生说过："家庭者，人生最初之学校也。一生之品性，所谓百变不离其宗者，大抵胚胎于家庭之中。"

（二）家庭教育的随机性

家庭教育不同于学校教育具有明确的教育计划、教学大纲及教材内容的系统性，教育方式方法的规定性及严格的规章制度的保证。家庭教育寓于日常生活之中，教育的意图、内容、方法等均蕴含于具体的生活事例中。家庭教育质量的优劣取决于父母的教育目标导向、教育能力及自身素质。家庭教育不仅包括父母有意识地对子女施加影响的直接教育；也包括借助其他条件的间接影响，如：家庭的文化氛围、环境条件、成员关系、家庭结构等潜在因素的教育影响。

家庭教育的随机性表现为灵活分散的特点，即家庭教育分散于家庭生活的各个方面、各个环节。从物质生活的吃、穿、用到精神生活的家风、家规以及文化生活如读书等，都包含着教育的因素，不求系统，可以灵活进行。家庭教育的随机性还表现在潜移默化之中。实际生活中，经常对子女起作用的是父母毫不掩饰的言谈举止，不论是有意还是无意，家庭教育时时处处存在于家庭生活的每一瞬间。

（三）家庭教育的伦常性

家庭中，子女受到的教育影响，往往来自各个成员。由多个核心家庭组成的联合大家庭中存在着祖孙、叔侄等关系，多子女的核心家庭也有兄弟姐妹关系。种种家庭关系对子女都会产生某种影响，影响最大的是亲子关系。亲子关系是存在着血缘联系的社会关系，而且还存在着经济的、伦理道德的关系。家庭成员间的各种关系受到法律的确认和保护。

反映伦常关系的家庭教育表现出以下特点：一是感染性。家庭成员间具有浓厚的情感，父母与子女的情感联系最为密切而持久。父母对子女有自然而深厚的爱并对其寄托殷切的期望；子女对父母怀有特殊的依恋和信任感。亲子间的情感能够产生变父母的要求为子女行动的强大推动力量。家庭教育中可以利用亲子情感，充分发挥其感化作用。但要注意违背了伦理道德会导致家庭教育进入误区。二是父母的权威性。权威是以意志服从为特征的。家庭中长者的社会责任、在家庭中的地位及教育者的角色，决定了他们在家庭教育中有较强的权威性。三是教育的针对性。家庭中各个成员朝夕相伴，为人父母者对子女观察细致、了解充分，能够做到针对子女特点，有的放矢进行教育。

总之，以亲子关系为中心的家庭教育，较之学校教育和社会教育具备自身的独特优势，建立和发展良好的亲子关系，对实现家庭教育科学育人的目标具有重要作用。

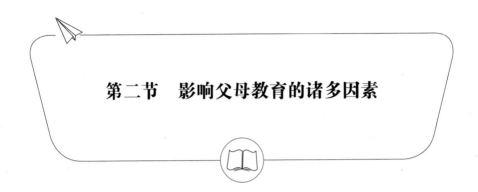

第二节　影响父母教育的诸多因素

一、社会因素对父母教育的制约影响

教育，包括家庭教育是社会现象。教育现象的产生和发展受社会的制约并与之相适应，教育的基本职能在于为相应的社会服务。

（一）家庭教育以社会为依托

恩格斯在《家庭、私有制和国家起源》中说："孩子的照管和教养将成为公众的事情，社会将同等关怀一切儿童，无论是婚生的或非婚生的。"这既是原始公社家庭和社会的写照，也是社会共同教育更高形式的教育理想。说明了原始公社和理想未来社会家庭教育平等性、普及性的内涵。

我国古代《礼记·大学篇》提出"古之欲明德于天下者，先治其国；欲治其国者，先齐其家；欲齐其家者，先修其身；欲修其身者，先正其心；欲正其心者，先诚其意；欲诚其意者，先致其和；致和在格物"。这其中所说的格物、致和、诚意、正心、修身是属于修己；齐家、治国、平天下属于治人。以上下相安为信条，视封建等级为合理规范，作为家庭教育、社会教育的思想理念，充分反映了封建家庭教育对封建社会的依托性。

工业革命促进了现代化社会的发展。现代化社会以现代化生产为动力，以谋求个人的平等自由、家庭的幸福和社会的进步为价值取向。如日本的现代社会，有为的妇女大学毕业，在以母子为核心的家庭结构中，父母悟守日本"新宪法"和"新民法"中家庭民主自由的观念，促进了男女之间与两代人之间的平等关系。

我国现代社会的家庭教育同样在社会改革发展中不断更新观念和内容方法。父母望子成龙，重视子女的个性发展和智力开发，对子女倍加关心和爱护，但过度保护的现象也普遍存在。

家庭是社会的细胞，家庭教育是社会政治、经济、文化的一面镜子，家庭教育的观念、目标、内容及方式方法随着社会的变革与发展而不断变化。

（二）家庭教育担负着社会功能

家庭是人们来到世界上接触的第一个环境。社会的维系，人们的生存与发展都是以家庭为基础的。

家庭具有繁衍后代、养育子女的自然功能；也具有经济、安全、教育及文化娱乐等社会功能。自然功能不因时代和社会的变迁而改变；社会功能则是随时代及社会的发展而改变的。

由封建社会小农经济的自给自足，发展到工商业发达的现代经济社会，家庭生活已完全依赖社会的商品以满足需要。当前，一些家庭偶有手工制作，但多是为了发展情趣，消遣生活；在市场经济发展的过程中，有些家庭以某种手工制作作为谋生手段，但他们的基本生活需求仍要依赖社会。过去，一般家庭要花费相当多的时间、精力去缝衣、做饭，而现在，服装店、服装加工点、饮食店、快餐店随处可见，有许多成品与半成品可供选择。

家庭从一开始形成的时候，就是人类免受侵害，防病、养老的庇护所。而发展到现代社会，维护治安靠军警，防治疾病靠医院，养老靠离、退休福利，人民的生命财产依靠政府的法律保障。家庭的安全保护功能已缩小到保护幼小子女的生命安全。在一部分社会治安较差的地区，家庭还保留着一定的安全保护功能。

家庭是教育子女的重要场所。过去，父母教育子女学习前人经验，掌握一技之长，用以谋求生存。而今，高科技的发展、知识的激增，使家庭教育的重点放在了培养子女的价值观、教会其处世态度等方面。

随着社会的进步，家庭的文化娱乐功能已经发生了深刻变化，丰富多彩的文化娱乐充实了人们日益增多的闲暇时间。正当的文化娱乐生活促进了家庭成员间的亲密和谐关系。

家庭承担的社会功能使子女从父母身上获得了形成自己的价值观、人生观方面的经验，体现了社会对家庭教育深刻的制约性。

（三）社会改革对家庭教育的影响

社会改革冲击着各个领域，对家庭教育的现状与未来必将产生重大而深刻的影响。

1.家庭教育观念的变革

在社会改革进程中，家庭教育同样经历着兴利除弊的变革，促进了传统的家庭教育观念向现代家庭教育观念的转变。

传宗接代、养儿防老的观念开始向为子女、为社会的观念转变，父母开始从为子女创造美好人生，促进家庭幸福，造福社会，为国教子出发考虑家庭教育问题。随着社会改革的发展，我国逐步建立起与社会化大生产相适应的现代的家庭教育观，广大父母会不断加深认识现代家庭教育的全面性、终身性、科学性、民主性和适应性。

全面性：家庭所有的成员，特别是儿童都要接受教育，使身心获得健全发展，从而促进社会经济的发展和进步。

终身性：家庭成员中不仅儿童、少年、青年而且中年人、老年人都应坚持学习，以适应个性发展和社会发展的需要。

科学性：认识家庭教育是科学的，有其自身的规律，在家庭教育中，大家要学会遵照规律办事。

民主性：家庭中，应实现男女平权、老幼人格平等，各自履行其权利和义务，维护现代的家庭伦理关系。

适应性：家庭教育只有与社会的现实与未来的需求相适应，才能为社会培养各类人才，使子女在社会中获得生存与发展的条件。

现代家庭的上述性质是大教育观的反映。与此相适应产生了新的人才观、质量观和儿童观。

现代家庭的人才观是以社会需要的各级各类人才为出发点的，既包括高级专业人才、特殊人才，也包括广大的中等技术人才。由于社会主义现代化建设需要繁荣与发达的科学技术，高度发展的智能、高度的事业心和责任感是各类人才都要具备的素质，家庭教育应该坚持对子女智力因素和

非智力因素的培养，坚持在发展一般智力的基础上培养特殊才能的人才观。

现代家庭的人才观确定了家庭教育的质量观。新的质量观要求从我国现代化建设，从世界、未来的人才素质需求出发，以开放的观念思考家庭教育的质量问题。人们预见未来社会的人才需要具有高度发展的适应性、创造性和社会性行为；需要具有高智能，思维语言获得充分发展；需要有很强的实践能力；需要具有服务与合作的意识。

现代家庭教育的儿童观是以民主平等为基础，建立在新型家庭关系之上的。子女不再是家庭的附属物，也不是父母的私有财产，他们有独立的人格。父母对待子女要坚持从实际出发的原则，既要看到子女的幼稚，也要看到他们的发展潜力；既要看到他们有人类的基本生理需求，也要理解他们在不同年龄阶段的精神需求；既要看到他们有服从、听话的一面，也要理解他们有独立性、主动性的一面。

2. 社会物质文明的发展，改善了家庭教育的条件

我国改革开放以来的经济体制改革，解放了生产力，调动了广大群众的生产积极性，促进了国民经济的迅速发展和人民生活水平的普遍提高，许多家庭的物质生活得到根本改善。物质生活条件不仅是家庭成员赖以生存的基础，也是制约家庭教育的重要因素。

第一，好的物质生活条件丰富了家庭生活的内容，改善了家庭的文化氛围。人民物质文明的提高，满足了家庭成员多种层次的需求，家庭的精神生活更加丰富多彩，家庭成员间的关系更加和谐美满，子女的成长环境也更加优良。

第二，好的物质生活条件使家庭教育投入增加，父母教育子女的时间和精力显得更加充裕。现代化的设备、先进的社会服务，使父母摆脱了繁重的体力劳动，缩短了做家务的时间。父母有了更多的时间与精力教子女，并进行自身素质的提高。家庭教育投入的增加，改善了家庭教育的条件。

第三，好的物质生活条件促使家庭教育手段的多样化。家庭教育有了更充分的条件通过多种途径、采用多种手段进行。现代视听媒介的普及，文娱及健身器械的充实，使家庭能够寓教于乐，能够寓教于日常生活及劳动实践之中，并可以借助现代化手段使家庭教育活动更加生动活泼。

二、亲子关系与父母教育

家庭教育是以亲子关系为中心的教育，亲子关系是制约家庭教育的重要因素。

（一）亲子关系及其特点

亲子关系是以血缘关系及共同生活为基础，以抚育、教养、赡养为基本内容的自然关系和社会关系的总和。亲子关系的根本特点是子女出生后便存在着的、无法割断的血缘关系。亲子关系如何直接影响着家庭教育的效果。

在传统的社会制度下，中国盛行父母制，"父为子纲""事亲为大"是亲子关系的核心，父母在家庭中具有绝对权威，拥有支配子女的权利。为人子女者要无条件地服从父母，子女对父母存在人身依附关系。在这种亲子关系模式中，下一代对上一代只能言听计从，子女无独立人格，不许存在个人意志。父母培养的子女，对家来说应为"孝子"，对国来说应为"顺民"，子女的前途和命运完全由父母掌握。

在现代社会，亲子关系发生了根本变化。家庭中形成了民主平等、相互尊重的亲子关系，子女对父母的人身依附关系已不复存在，他们对父母来说已不再是私有财产，父母无权支配子女的前途、命运。在一些关系到国家与家庭的重大问题上，子辈有权提出个人意见，并做出自己的决定。

社会的改革发展与家庭观念的变化，为亲子关系的不断改善提供了有利的客观环境。由于家庭结构的小型化，家庭以子女为中心的意识得到强化；父母有了为子女提供身心发展必需品的条件；亲子之间易于沟通，家庭民主氛围增强；现代化媒体传播知识信息，增强了子女的科技意识。

在现实社会中，家庭教育的传统观念依然有一定的市场。许多父母出于保护子女的心理，依然采用传统的管教方式，把子女束缚在自己的"羽翼"之下，要求子女按照自己的意愿行事。这些父母认为，子女在他们面前永远是孩子，生活经验不足，知识能力有限，只有听从父母的管教，方能健康成长。因此，他们对子女一味严加管教。有些父母对不服从或违背自己意志的子女，采用体罚或变相体罚的方式，使子女产生逆反心理，影

响了亲子关系。

还有些父母往往把不和谐的亲子关系归因于"代沟"。事实上，父母对子女在认识和教育行为方面的偏差，是导致亲子矛盾的根源。他们以为自己最了解子女，并以个人的认识去理解和支配子女，其结果是招致子女的反感，使子女感到最不了解自己的是父母。有些父母不尊重子女的人格，经常当众指责，埋怨他们不用功、不听话、不爱劳动等。儿童个性的发展需要在他人评价和自我评价中实现，但是，经常性的无端的斥责，会导致他们对自己的思想行为缺乏正确判断。儿童和青少年特别需要父母及时的、客观的、肯定的评价和赞许，从而增强信心，借以促进积极进取心态的形式。有些父母，对子女期望值过高，给子女层层加码，超出了他们的身心承受能力，结果事与愿违。

目前，传统的家庭教育、亲子关系受到了有力的挑战。民主、平等、理解、尊重已逐步成为两代人的共同要求，新型亲子关系的建立，必将产生良好的育人效应。

（二）亲子关系与子女的社会化

良好的亲子关系对促进子女的社会化，具有深远的影响，特别是早期家庭教育中的亲子关系，对子女的社会化具有决定性作用。

不同的家庭教育方式反映了不同的亲子关系，对子女社会化发展也必将产生不同的影响。专制型的家庭教育方式下，因父母将子女视为附庸，对子女的行为干预过多，压制了子女的独立性、创造性。父母多采取强制手段让子女听命于父母，无视子女的兴趣和意见，要求子女绝对服从。对子女违背父母意愿的行为采取训斥、惩罚等粗暴态度。放任型的家庭教育方式使亲子关系淡漠。父母与子女各有自己的行为方式和活动范围，父母任凭子女自由地、无拘束地发展，对子女的思想、情绪知之甚少，对子女的行为没有规范要求，是不负责任的表现。民主型的教育方式使亲子关系建立在平等的基础上。父母视子女为具有独立人格的个体，注意调动子女的主动性，培养子女的自理、自制能力；对子女的期望、要求、奖励、惩罚较恰当，注意尊重子女的意见，并能及时纠正个人在家庭教育中的失误。

第三节 父母教育在社会中的地位与作用

一、父母教育在现代社会生活中的地位

（一）引导子女德、智、体全面发展，促其身心健康

我国现代化建设要求各级各类人才都应具有高度的创造精神，并能适应经济、文化、社会的改革与发展。人才的创造性和适应性是以德、智、体的全面发展和身心健康为基础的。然而，在我国目前的家庭教育中，相当普遍地存在着重保轻教、重智轻德、重知识轻能力等片面的教育导向。

家庭教育观念的陈旧导致教育目标上重仕轻商；教育内容上重知识、轻能力；教育方法上重言教轻身教。总之，在我国当前的家庭教育中，存在着片面发展的倾向。

也有一些父母，他们为子女创造了充裕的物质生活条件，也有较高的期望目标和明确的要求，但是缺乏充足的家庭教育时间和切实的教育措施，且教育方式方法不符合科学的要求。

（二）重视子女的个性培养

血缘、经济和人身依附关系，构成了家庭的稳定结构，形成了传统的社会心理。封建传统的影响，加之新中国成立以来较长时间内在教育方面坚持整齐划一的要求，反映在家庭教育中，就是父母的意志主宰着家庭，子女的个性和自主精神得不到应有的尊重；父母对于子女的身心特点及发展规律也不甚了解，因而形成了许多新问题。如父母对子女过早进行定向培养，求学时追求高分、进重点学校；谋职择业时讲实惠；等等。

自主精神是自我意识较高发展的反映，由于个人内化了的行为规范和自我判断、自我控制的发展，能够在思考、判断中决定个人的态度和意志；又由于个人依存于社会生活，其自主精神必须与社会化意识与行为相统一，这是良好的家庭教育应该解决的问题。

（三）开阔视野，帮助子女增强全球意识

中国的现代化经济建设是置身国际社会之中的，要培养子女的开放意识，使其不仅了解本乡本土，还要了解中国，了解世界。当今的儿童少年，正是未来世界的主人，是未来世界的建设者。传统的"父母在不远游"的观念已与时代相悖。父母要培养子女以广阔的视野认识和处理社会生活与家庭生活的能力；使其善于同他人交往，学会同异国文化沟通，具有相应的语言能力、知识和教养。

当前的家庭教育中，许多父母对子女的过度保护与教育，往往助长了子女自我中心意识的发展，表现出自私、霸道、不合群、娇气、恋家等特点，严重地影响了子女社会化行为的发展，这种现象在现代家庭教育中应该被重视。

家庭教育的目标导向、教育的重点、教育的策略方法决定家庭教育的成败。我国在关于超常儿童追踪研究中明确指出：良好的家庭教育和环境是超常儿童成长的基础。父母的教育思想及方法对子女身心的成长有重大影响。培养超常儿童、卓越人才，就显示出了家庭教育在社会生活中的重要作用，并体现出家庭教育的地位。家庭教育的失败也会从另一个侧面显示出家庭教育在社会生活中的地位和作用。

不管社会如何发展，民风怎样改变，家庭教育对儿童的个性形成与发展都具有决定意义。在社会改革的过程中，传统的家庭教育目标与方法大都不适用；而新的观念与科学方法的掌握刚刚开始，以致家庭教育的功能得不到充分发挥。但是，这种现象是社会变革中的必然。儿童在改革条件下的家庭环境中接受的教育，仍然会成为他走向生活后处世待人的原则，这正是因为家为国之本，家庭教育为一切教育之源。家庭教育在我国社会生活中具有重要的战略地位。

（四）家庭教育是培养现代化建设人才的基础

每个人从一出生，就要受到家庭成员、家庭环境、家庭文化氛围的熏陶和影响。在家庭生活与人际交往中获得知识经验，形成情绪、情感，养成伦理道德和文明行为习惯，促进身心发展。在此基础上，走出家庭，走向社会，参加社会实践活动。家庭教育如何，对人们参与社会生活的态度、能力及所发挥的作用具有重要意义。受到良好家庭教育的人，对社会生活的态度是积极的，并具备一定社会生活的能力，在社会上发挥的作用也将是积极的。

二、父母教育的育人效应

家庭作为教育子女的主要场所，有着漫长的历史。随着现代社会的科学发展与技术进步，学校成为育人的重要阵地，家庭的教育功能有所减弱。然而，孩子们仍然要从父母及家人那里学习价值观、人际交往、处世做人的态度。就对个人成长影响深远的意义来说，家庭教育仍是一切教育的基础和源头。

如前所述，家庭教育对子女具有强烈的感染性、连续性、针对性和灵活性，因此子女最容易接受，其影响也最深远，家庭教育具有其他教育无可替代的作用，其育人效应明显而全面。特别是早期家庭教育在教会子女做人、走向成功方面影响重大。我国教育家蔡元培说过："幼儿受于家庭之教训，虽薄物细故，往往终其生而不忘。故幼儿之于长者，如枝干之于根本然。一日之气候，多定于崇朝，一生之事业，多决于婴孩，甚矣。家庭教育之不可忽也。"说明早期家庭教育影响人的一生，其育人的后继效应是不可低估的。我国杰出的人民艺术家齐白石，出身贫寒，从小祖母背他下地干活，他是在祖母背上长大的，7岁进了私塾，只读了半年。他常常一边放牛一边看书学画，14岁去学木匠。母亲常"挤"出一些钱买笔和颜料，支持儿子学画。齐白石边做木工，边学画，孜孜以求11年。25岁时，他走上了绘画谋生的道路，奋斗毕生，成为举世闻名的艺术家。我国超常儿童追踪研究表明：超常儿童绝大多数都在家里受到了优越的早期教育，父母为子女提供了有利于身心发展的环境，善于因势利导，有目的、有计划地进行早期教育，他们善于针对子女的特点，采取生动活泼有效的方式进行教育。这证明了父母正确的教育思想及方法对一个人的健康成长有重大影响。这些超常儿童在日后的学习中，与同龄少年相比，始终处于领先地位，83%的项目超过全国同龄标准值。从另一角度看，由于家庭结构解体，家庭成员关系失调等形成的破裂家庭，缺乏家庭的早期教育，给儿童的身心发展埋下了畸形的种子；有些家庭则因教育方法不当，给子女种下了罪恶的根苗。

父母对子女明确而适当的教育期望，正确的导向以及良好的教育方式方法，是教育子女并促其身心健全发展的重要力量。

（一）育德

父母重视指导子女，寓教于日常生活之中，注意躬行身教，循循善诱，正如春雨润物，就会起到育德作用。家庭生活的各方面因素对于子女身心的成长都会发生潜移默化的渗透作用。如家庭成员间的关系、家庭的文化氛围和生活习惯等都会渗透到子女的思想行为里。在日常生活中，父母对子女的教育可不拘于形式，可利用各种时机对子女灌输道德观念，培养他们的道德判断能力和道德情感，促其养成良好的行为习惯。同时，父母与子女有血缘联系，存在伦理和依赖关系，且这关系受法律保护，建立在这种权威力量基础上的家庭教育无声无形但又倍觉亲切，这正是子女对父母的批评、责备一般都能接受的原因。父母的权威性对教育子女如何做人有着强大的感化力量。

每个人的家庭环境不同，因此各种因素对子女的思想品德影响也不一样。研究表明：家庭结构、父母情感、父母职业以及父母对子女的教养态度、父母本人的修养等都直接影响子女的思想品德及个性发展。比如核心家庭和主干家庭，以及家庭社会关系都会对子女的品德产生一定影响。父母的情感是否协调在子女道德观念、道德情感和行为等方面具有更加明显的影响。父母的职业及文化程度直接决定家庭的生活方式和文化氛围，都会或多或少影响子女品德的发展，使子女形成处世待人的思想行为定势。父母本人的道德面貌、品德修养是子女学习、模仿的榜样，对子女的人格形成影响很大。

（二）启智

早期家庭教育具有启迪儿童聪明才智的作用。科学地对儿童实施教育，对他们的大脑进行各种刺激，能够促进儿童的心智健康发展。

德国天才卡尔威特，出生时貌似"白痴"，反应迟钝。然而他的父亲凭着他科学育人的理念，对卡尔威特实施强有力的家庭教育。父母双方密切配合，投入了全部精力，创造了良好的家庭教育环境，终于启迪了卡尔威特的智慧，使其成为闻名世界的卓越人才。我国的民族英雄林则徐，是在父亲林宾日良好的早期家庭教育中成长起来的。从林则徐4岁开始，他父亲便风雨无阻地每天送他到学堂上学，认字读书。林宾日对林则徐十分有耐心，从不打骂斥责。7岁开始教林则徐写文章，在父亲的精心培育下，林则徐13岁取得府试第一名，20岁考中举人，30岁当上布政使，最终成为为国立下不朽功勋的政治家、民族英雄。

（三）健体

幼儿的合理膳食以至青少年儿童的饮食卫生，都是父母在教育子女中应该重视的问题。当前，因饮食营养不合理造成的营养紊乱症，因饮食习惯不良带来的厌食、偏食挑食的现象，不仅给父母带来许多困扰，而且直接危及子女的身心健康。因此，良好的家庭教育，在增强子女的体质方面，会产生积极影响。

（四）审美

家庭教育包含着以家庭为中心进行的审美教育。家庭的环境布置、家人的言谈举止、家庭的气氛，都是美育的良好教材。家庭教育中育德、启智、健身与审美的效应是统一的，他们之间互相促进，相辅相成。婴儿从出生开始，就通过眼、耳、鼻、舌、身接收外部世界的各种信息。美的色彩、优美的声音、芳香的气味能够引起儿童的愉快反应。有位教育家说过："美能帮助新生一代更深刻地认识周围的客观现实。"的确如此，美好的事物可以陶冶美好情操，塑造理想的性格促使儿童形成优良的品德。在家庭教育中，父母重视培养子女的审美感受力、鉴赏力，审美情趣和创造美的能力，有助于发展他们的良好思想品德，有助于开发他们的智力、促进他们的健康。应该说良好的家庭教育必然产生美育效应。

大自然可以培养儿童的良好性格和气质，可以陶冶儿童的情操，唤起他们对祖国河山的热爱，激发其生活热情，增长其知识才干。父母可以带领子女到大自然中去观察日月星辰，游览江河湖海；引导子女发现大自然的色彩、形态，鼓励他们美的遐想。大自然是绚丽多姿的，具有丰富的教育内涵。

社会美存在于儿童周围的生活之中。宏伟的建筑，五光十色的商店，英雄人物，美好的言行……无时无刻不在影响和感染着人们。在家庭教育中，父母应充分挖掘和利用社会生活中引人入胜的美好事物，并为子女创造美好的家庭生活环境。社会美是充分发挥全面育人效应的最好条件，也是家庭教育的理想教材。

艺术美是最富感染力的教育因素。优美的艺术形式，以情动人，给儿童以美感的享受。无论是音乐、绘画、舞蹈这些视听艺术，还是小说、诗歌、散文、寓言、童话等文学作品，对打开儿童的心灵之窗，丰富他们的想象力，发展他们的情感，塑造他们良好的性格都大有帮助，因此，艺术美的形式是培养儿童审美情操，增加育人效应典型而生动的教材。

第五章
特殊家庭的父母教育

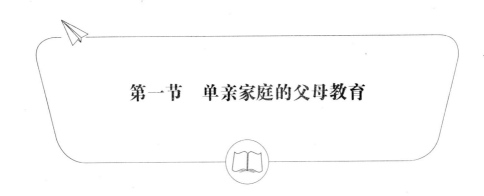

第一节　单亲家庭的父母教育

　　单亲家庭指一父或一母与子女共同组成的家庭，包括父母离异后子女归一方抚养的家庭、单身领养子女的家庭、未婚生育造成的私生子与其父或其母共同组成的家庭、分居丧偶造成的缺父少母家庭等。这些众多的单亲家庭在子女教育问题上多多少少存在着偏差，从而影响了孩子的正向发展。

一、单亲家庭的不利因素及对子女的影响

（一）母爱的错位

　　无父家庭的单亲母亲往往在感情问题上过于理想化，她们在离婚过程中拼命争得孩子的抚养权，但对生活往往缺乏长远的考虑，对日后的婚恋往往抱可遇不可求、顺其自然的消极心态。于是，她们将所有的人间亲情倾注在子女身上，将子女视作生活的全部寄托、生命的唯一希望。由于将孩子视为生活的全部，故往往会毫无节制地满足孩子的一切要求，盲目地迁就孩子的一切过错、过失，疏于管教与批评，缺乏必要的约束和要求，从而容易使孩子形成妄自尊大、固执己见、独断专行、狭隘自私的性格。

（二）家庭的落空

　　夫妻婚变所演出的家庭悲剧，随之而来的是男女主角产生程度不同的消极心理，如忧郁、沮丧、愁苦、怨恨、烦闷、心绪狂躁、悲观厌世等。这些消极的心理导致行为上的消沉、怠惰、酗酒，以至放荡不羁、玩世不恭等，这必然波及孩子。具体表现为：有的孩子由于父母的离异，被父母

当成累赘；有的父母无心管教孩子，甘愿放弃抚养、教育子女的责任；有的孩子归了一方，另一方则撒手不管、不闻不问；有的父母将孩子作为出气筒或将孩子当作报复对方的筹码，给本来带悲剧色彩的家庭罩上了一层阴影。

（三）孩子承受着巨大的精神痛苦

在双亲俱在、和睦完整的家庭里，孩子有一种安全感，过着无忧无虑、井然有序的生活。双亲的爱护和关照，特别是母爱的奉献，使孩子感到快乐、温暖、幸福，个性朝着和谐、健全的方向发展。由于离婚前的种种冲突，父母离异后往往仇人相觑，互相挑拨、攻击，有的还不许对方探视，甚至让孩子与对方父母、亲友断绝来往，以此来报复对方。孩子处在这样的环境中，往往感到精神紧张，心神不宁，既失去了对父母的信赖，也失去了安全感和幸福感，忍受着情感的煎熬，造成了深深的心灵的创伤，逐渐形成对亲情的冷漠、疏远、抵触以及对亲人的不尊敬等逆反心理。

（四）孩子的健康成长受到影响

由夫妻共同主持、料理家务的家庭，即使生活中遇到困难，包括子女教育方面的难题，都会由夫妇共同商量，齐心合力妥善解决。而离婚后的家庭，两个人的责任一人担，精神和生活的负担都成倍地加重了。一个人的精力和时间毕竟是有限的，抚养、照顾子女难免会力不从心。

（五）易导致对孩子的溺爱和娇惯

一些因婚变成为单亲家庭的父母，常为离婚给孩子带来的不幸感到尴尬和内疚，他们感情脆弱、弥补心切，更容易滑向溺爱孩子的深谷。在物质方面，尽力满足孩子的需求，企图一次补偿带给孩子的损失；精神方面，往往容易包办代替、百依百顺、迁就姑息，甚至纵容、放任，生怕孩子再受委屈。这种补偿行为，是离异夫妇心理失衡的另一种表现形态，孩子在这样的环境中，容易形成不良的品格。

二、单亲家庭教育子女的方法

（一）做好防范

作为单亲家庭的家长，在选择配偶、组织新家庭前的这一阶段，要重

视自身和子女的心态变化，要特别注意克制自己的情绪，不要让自己不良的情绪感染孩子，加重孩子的忧虑和困惑。现在，有些明智的家长采用"握手告别"的离婚方式，事前既不打打闹闹，事后也不相见如仇。

（二）坦陈事实

夫妻离异、伴侣早丧、家庭肢解，必然给家庭成员（包括孩子）带来思想情感、生活秩序等方面的变化。为了不使孩子对这些变化感到突然，逐步习惯家庭破裂后自己的处境，迎接新生活，单亲家长一定要诚挚地告诉孩子父母即将离婚的事实。有的家长出于某些原因不敢告诉孩子，其实，孩子会从一些迹象中看出来。告诉与否，其意义是不同的，家长主动告诉孩子，态度诚恳、方式巧妙，就会使孩子感到父母依然关心他、爱护他、看重他，就会取得孩子的理解和信任；反之，孩子虽不会公开表示不高兴，但内心会产生对父母的怨恨。最好是双亲同时在孩子面前表态：尽管父母不再共同生活，但孩子依然是爸爸妈妈的孩子。

（三）宽容大度

要允许孩子和离婚的父母保持亲子关系。法律只是解除了男女双方的婚约，却割不断两代人的血缘关系。因此，离婚后的各方，都要从大义出发，允许另一方来看望、亲近孩子，或是带孩子去另一方探望，重温父爱或母爱的温暖，弥补失爱的欠缺，减少孩子心理的压抑。要做到这一点，离异双方需要有高尚的道德情操和宽阔的胸襟，要从"一切为了孩子"的美好愿望出发。

（四）勇挑重担

离婚夫妻的子女，经法律判定归属关系后，孩子的监护、抚养、教育责任是明确的，但子女与父母具有血缘关系，所以，无论从法律上还是道义上，离婚父母仍然负有教育子女的义务，应当排除相互戒备，为孩子的健康成长创造良好的条件。要常和孩子促膝谈心，成为知心朋友，绝不能为了个人的"幸福"而置子女的教育于不顾；要勇于挑起管理家务和培养教育孩子的重担，不辞辛劳，无私奉献，创造清洁、有秩序的文明家庭环境，取得亲友、邻里的理解和支持，使孩子在温暖的环境中信心十足地生活、学习。

（五）自强不息

事物总是一分为二的，单亲家庭也并非完全不幸，有的孩子会由此更加自强不息，奋发向上，成为生活的强者。一般来说，一个人在幼年、童年时代得到双亲的抚育是幸福的，有利于其健康成长，但如果一切都依赖双亲，缺乏自立精神，也会走向反面。而失去亲人的孩子在单亲家庭环境中，有助于锻炼其顽强的意志和自强的精神。因此，单亲家庭的家长要因势利导，鼓励孩子树雄心、立壮志，教孩子去做力所能及的事情，通过自我服务、分担家务和参加社会公益活动，来锻炼孩子的耐性和毅力，使他们在克服困难、勤学苦练、与家长密切合作中，改变以往散漫的行为习惯，学会管理自己、关心他人，体验独立自主生活的乐趣。

单亲家庭的物质生活条件相对下降，使孩子尝到了生活困窘的酸甜苦辣，从教育角度看，"逆境教育"也有积极有利的一面。但是，环境、条件不是决定性因素，起决定作用的是受到良好教育的人。

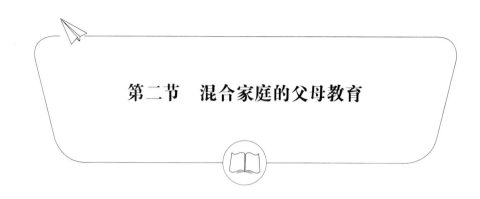

第二节 混合家庭的父母教育

当代中国家庭的婚变正以前所未有的速度递增，据民政部门统计，我国人口的离婚率呈逐年上升趋势，其特点是：30 ~ 39 岁组人口的离婚比例增加较快，跃居第一位；高中以上文化程度人口离婚比例的位次明显上升。离异家庭、单亲家庭、缺损家庭、重组家庭等家庭形式如雨后春笋。由婚姻繁荣引发的代际冲突不断增多，就亲子关系而言，矛盾较为突出的是重组家庭。大多数人在离异后会选择再婚，因此，一次离婚可能产生两个重组家庭，重组家庭的亲子关系较为特别，有血缘关系的成人、子女与无血缘关系的成人、子女之间的关系微妙，矛盾突出，呈现出以下特征。

一、探访的困难

探访的困难包括两方面：一是生父母对前子女（已随离异一方生活）的探访，二是已随离异一方生活的子女到生父母的再婚家庭中的探访。

离异或重组家庭可能造成亲子关系的中断或变化，父方或母方难以继续充当父母角色。所以，离异家庭的子女教育特别需要离婚父母双方的配合，即使是不抚养孩子的一方，也要宽宏大量，尽量与对方保持友好的态度，为孩子提供与亲生父母相处的宽松环境，尽可能为对方看望孩子提供方便。

二、沟通的困惑

新的家庭成员带来了他们自己的沟通方式，而这些方式只有与之朝夕相处的人才熟悉。一位重组家庭的母亲诉说沟通的艰难："对我来说继母是一个无休止的、永无尽头的学习过程，首先要学会通用的语系，我和我先生已经恋爱了两年，彼此已经有了一定的适应，可同他 7 岁的儿子相处才一个月的时间，现在仍保持着距离，虽然我尽力去接近他，我们使用同样的语言，但同样的词汇，却有不同的含义，我们要做的第一件事就是创造共同的家庭语言。"称谓问题常常是沟通中令成人、孩子均感到尴尬的问题，起初孩子以敌视的眼光审视着新的家庭成员，稍后开始称叔叔、伯伯、阿姨之类，要喊出"爸爸""妈妈"是相当艰难的。中国人常常以称谓来衡量家庭人际关系的远近，碰到重组又带有孩子的家庭，亲朋好友有时会关切地询问"是否叫你爸爸或妈妈"，这时的父亲或母亲或是勉强地点点头，或是不太自然地摇摇头。

感情是无法勉强的，重组家庭是一个奇妙的集合体，它包含有成员各自的嗜好、习惯、欢乐、悲愁、爱恨和争斗，各自的人生经历、遵循的传统，各自的个性和待人接物的处世态度，甚至一些难以磨灭的记忆与经历等。所以，在重组家庭中影响沟通的因素是复杂多样的，其中角色的处置就是一例，处置不当就会形成沟通障碍。

三、紧张局势

重组家庭中紧张的冲突在孩子身上是经常发生的，尤其在进餐问题、管教问题、居住问题等方面常常引发一系列冲突。

进餐问题。"这孩子怎么这么能吃？一顿早餐吃了 5 个肉包。""这孩子简直像野孩子，吃饭前总是不洗手。""这孩子太爱享受了，饭后总是不洗碗。""这孩子总改不了边看电视边吃饭的习惯。"……来自继父母的这些评价，是指责、挑剔，还是建议、批评或是一般客观的描述，这些问题常常在孩子的心中引起阵阵困惑。"我要不要先吃饭？""他（她）总是在注视我吃的样子。""我要不要等他（她）吃得差不多时再放下筷子？""他（她）总是将不好的菜放在我面前。"……重组家庭的孩子对进餐前后的每一细节均十分的敏感，而继父（母）如何也正是在这些环节上流露出了对继子女的真情实感。

　　管教问题。孩子需要进行管教，这是共识。而在重组家庭中，孩子的管教问题异常艰难，孩子的亲生父母因疏于管教、过分宠爱，导致孩子自私、任性、离群、孤独、自卑，而继父母要给予继子女适当的管教十分困难。正如澳大利亚学者乔伊·康纳利所说："在重组家庭中权威不会自动建立，对有些人来说，这需要付出代价才能得到，而有些人认为，这需要坚持。对继父来说，要确立他的权威，在已形成的家庭中赢得一席之地，将是一件棘手的事。"一位重组家庭的父亲说："我们对如何教育孩子有不同的看法。我认为要让他们通过实践来学习，要使他们坚强、独立，而她却认为不能让他们摔一点跤，她像只老母鸡似的守护着她的孩子。"

　　居住问题。这是最令孩子心烦的问题，而这一点有时是不能由他选择的。孩子两边都想居住，既不愿失去父亲，又不希望失去母亲，常常处于两难的境地。

第三节　其他亲属养育家庭的父母教育

一、隔代教养概述

（一）隔代教养的含义

当前，国内外的研究者对隔代教养（教育）的概念并没有明确的界定。有人认为，隔代教养是相对于父母对子女的亲子教育而言，即祖辈对孙辈的教育和养育，亲子教养和隔代教养共同构成家庭教育的主体。也有人认为，隔代教养是家庭教育的一种特殊形式，是指祖辈与孙辈一起生活，并承担抚养教育孙辈的全部责任。我们认为，隔代教养是当前普遍存在的一种社会现象，又称隔代教育，是指年轻父母因为各种原因（就业、进修、求学、经商等）无暇照顾子女，不得不把孩子的教育和生活的主要或全部责任交由祖辈的教育现象。

（二）隔代教养的特点

1. 隔代教养总数居高不下

据中国老龄科研中心对全国城乡 20 083 位老人的调查，照看孙辈的老人占了 66.47%，隔代抚养孙辈的女性老人在城乡更是分别高达 71.95% 和 73.45%。目前，隔代教养已成为一种社会现象，受"含饴弄孙"传统观念、社会竞争就业压力和城市化进程的影响，农村和城市隔代教养儿童均有逐年增多的趋势，而且，孩子的年龄越小，与祖父母在一起生活的比例越高。

2.隔代教养存在城乡差异

以上数据显示，我国城乡隔代教养数量都比较多，但隔代教养仍然存在城乡差异。农村的隔代教养主要集中在留守儿童家庭中，祖辈大多是农民，长期生活在农村，知识文化水平较低，有些甚至目不识丁，视野较狭小，对孙辈多进行生活上的照料和身体上的养护，较少有意识或有能力给予学习上的帮助和情感上的关怀。城市的隔代教养主要是父母双职工、求学、经商和出国等原因将孩子交由祖辈抚养，祖辈多为退休老人，长期生活在城市，熟悉城市里的生活，有一定的知识文化水平或兴趣爱好，在教育观念和教育能力方面强于农村祖辈家长。

（三）隔代教养家庭的类型

1.依家庭结构的不同划分

以隔代教养所占比例较大的核心家庭为例，依据家庭结构划分，如祖辈（祖父母和外祖父母）均在或只有其中一人在的情况；父辈均在、单亲或无父母的情况。

2.依教养责任的轻重划分

依祖辈在教养孩子过程中承担的任务多少、责任轻重，大致可分为半隔代教养和完全隔代教养两种情况。半隔代教养指父母均在家或一人在家，孩子由祖辈教养，祖辈承担部分教养责任；完全隔代教养指父母均不在家或没有父辈，孩子由祖辈教养，即祖辈承担全部教养责任。

3.依教养时间的长短划分

从教养时间来看，若父辈（或无父辈）长期（1年以上）无暇照顾子女，孩子交由祖辈教养，称为长期隔代教养；若父辈季节性或日间性繁忙，忙时将孩子交由祖辈教养，闲时由自己教养，称为短期隔代教养。

（四）隔代教养家庭存在的原因

在美国，祖父母成为孙辈日常照顾者或法定的监护人，与联邦政府和各州出台的鼓励亲属照看儿童的法律和政策有关，但主要原因还是社会问题及家庭问题。

国内隔代教养的形成因素日趋复杂，主要有以下几种原因。

1.受传统观念的影响，隔代教养缘于责任与义务

中国人自古就有老少同堂的习惯和习俗，人们普遍觉得儿孙满堂才是人丁兴旺，才是福气。含饴弄孙是大多数老人的心愿，他们大都愿意帮助子女照顾孩子，为隔代育儿提供了良好的心理基础，有的甚至把这作为自己的义务，并在照顾孙辈的过程中获得快乐，由此形成了一种不断为儿女奉献的思维定式和心理特征。一方面，祖辈家长丰富的生活知识和深厚的人生阅历为教育孩子提供了资本和权威性；另一方面，由于祖辈家长受历史条件和自身年龄特点的局限，不可避免地存在一些不利因素，对此我们应该有清醒的认识。

2.受社会竞争的影响，隔代教养缘于对子女的无私付出与支持

在社会竞争日益激烈的今天，年轻一代父母为满足生计和获得更好的发展，不得不把大部分精力投入到工作和学习中。年轻人结婚生育后，面对的生活压力更大，抚养孩子更是觉得困难重重，有的因为工作繁忙，有的是收入低，有的是下岗失业，有的是夫妻两地分居，有的是要出国深造，也有的是因为闹离婚或离婚后怕带着孩子影响再婚，还有的是图享受、怕麻烦等。因此，抚养和教育孩子的重任便由祖辈承担。

3.受独生子女政策的影响，隔代教养成为一种自然趋势

长期的计划生育政策，已经造成了大量的独生子女父母，而独生子女政策的普及化加快了隔代教育的兴盛。被视为"抱大的一代"的他们，虽然与非独生子女在许多方面并无太大差异，但在养儿育女上多是不知所措。这时，祖辈基于对自己血脉延续的注重，对传宗接代者的期盼，对"独"气未尽的子女的担忧，因而强烈而主动地负起隔代教育的责任。

4.受城市化进程的影响，农村隔代教养成为一种普遍现象

随着城市化进程的加快，农村留守部落日益壮大，这对隔代教育的蔓延起到了推波助澜的作用。与城市中日渐普遍的因子女长大离家而形成的"空巢"家庭不同，农村家庭的"空心化"主要表现为年轻父母外出打工，留下老人、孩子成为留守部落。正缘于此，在广大农村，隔代教育已经成为一种普遍的现象。这些留守儿童的抚养、监护状况令人担忧：有的是留

守的父或母一方养育，有的是由爷爷、奶奶或外公、外婆等隔代监护人来抚养，也有的是由亲戚来监护。

二、隔代教养家庭子女教育存在的主要问题

隔代教养家庭中，子女的教育有一定的优势，一方面，祖辈耐心宽容，容易和孩子亲近，一定程度上可以缓解孩子对亲情的需求；另一方面，他们的生活经验、社会阅历和人生感悟丰富，可以有意无意地引导孙辈观察、求知和探索，使孙辈在耳濡目染中参与劳动、学习，发展智慧。但是，隔代教养家庭子女教育仍存在许多问题。

（一）祖辈、父辈观念与认识存在分歧，子女教育冲突不断

由于社会阅历、教育程度、时代背景以及生活方式、工作内容等多方面的差异，祖辈和父辈在家庭教育理论和内容、标准、重心以及具体方式方法等方面存在分歧和差异，在缺乏有效沟通的情况下，容易导致家庭失和，孩子也无所适从。

（二）"重养轻教"导致问题层出不穷

由于祖辈家长体力与能力有限，加之"隔代亲"产生的溺爱，他们会更多地关注孩子的身体健康、营养状况、冷暖衣食、吃喝拉撒等日常生活方面，对孙辈往往是一味满足、迁就，而忽视对他们在道德层面进行适当和正确的监管，容易使孩子形成自私、胆小、任性、倔强、娇气的不良个性，再加上社会诱惑较大和不良风气影响，孩子容易出现道德方面的问题。

（三）教育观念落后、知识老化，妨碍孩子创造性个性的发展

许多祖辈教育理念比较落后，他们的价值观念、生活方式、知识结构、教育方式等往往跟不上信息社会的发展步伐，与社会的联系开始减少，知识面相对比较狭窄，知识陈旧、老化，不善于接受高新科技知识，看待事物比较死板，对科学的育儿观念也不够了解，沿用老观念要求和教育孩子，无形中增加了孩子接受新思想、新知识的难度。有不少老人对儿童年龄和心理发展的特点缺乏正确的认识，对于孩子的一些"破坏"行为、尝试行为以及具有冒险和创新性的探究行为，总是急着加以阻止并提出一些与其年龄不相适应的要求，无形中给孩子一些捆绑，导致其缺乏开创精神、创

造性思维和发散性思维，在某种程度上遏制了孩子的独立能力和自信心的发展，影响了孩子创新个性的形成。

（四）体力与能力有限，无法满足孩子需求

孩子随着年龄的增长，知识面的扩展，探索能力的提高和自主性的增强，各方面的需求越来越多，心理变化也越来越复杂。对于身体机能逐渐下降的祖辈来说，要解决这些问题，是强人所难的，这也给祖辈造成很大的心理压力。大多数祖辈认为，如果能将孙辈照顾得很好，使其健健康康地成长，一切都不是问题，但如果孙辈在其监管的过程中出现了问题，就难以向子女交代。

三、隔代教养家庭子女常见的心理问题

（一）溺爱迁就，产生自我中心意识

祖辈在年轻的时候，因为生活和工作条件的限制，可能没有能够很好地照顾子女，所以很容易产生一种补偿心理，再加上孙辈大多是独生子女，于是把对子女和孙辈的爱全部集中到孙辈的身上。祖辈对孙辈疼爱有加，过分关注，以致事事代劳，处处迁就，把孩子放在核心位置，当成家里的"小皇帝""小公主"，孩子犯错不及时纠正，常常满足孩子不合理的欲望和要求。如此，孩子容易出现事事以自我为中心、自私、胆小、娇气等问题，而且他们的自我认识、自我控制和自我评价等能力得不到好的发展。

（二）亲子隔阂，引发情感危机

父母是孩子最重要的亲人，如果父母长期不能陪伴在孩子身边，在孩子幼小的心灵中或多或少会投下一片"被抛弃"的阴影。尤其是看到同龄人一家团聚、其乐融融的场景，"情感饥渴"可能会导致孩子对父母的怨恨，他们会感到无奈、失望、自卑、厌世，进而影响学习和生活。

当父母看到孩子的缺点和不足而对其提出严格的要求时，孩子更难以接受，容易形成亲子之间的感情隔阂和对立情绪，这种对立情绪会让孩子更加疏远父母，退缩到祖辈的身边，使正常和必要的教育难以进行。再加上父母严格要求或惩罚孩子时，祖父母（外祖父母）往往会出面干预，这更使得年轻父母无法及时矫正子女的缺点，既影响孩子的身心健康发展，

也容易导致家庭关系失和。

一位父亲述说苦衷："我和妻子在外地工作，平时没有时间照顾孩子，孩子从小被送到老家由外婆带大，外婆对他疼爱有加，处处惯着他。我们基本每个小长假回家一次，平时差不多一两天和孩子电话交流一次，但说不了几句他就不说话了。回家时孩子有错误我管教，外婆会护着他，甚至与我争吵，继而又引发我与妻子的争吵，一家人经常闹得很不愉快，孩子也越来越怕我，很少和我亲近，管教他的时候就往外婆身后躲。"

（三）忽视思想情感交流，活动范围狭窄，影响孩子良好性格的形成

祖辈们受传统观念的影响，重"身"不重"心"，对孩子"心"健康的重要性缺乏足够的认识，以为孩子吃饱喝足了，不生病不出事，就算是健康的孩子。他们很少与孩子进行思想情感的交流，让孩子自己看电视、看图书或玩积木，这样极易造成孩子内心世界的孤独、无助，容易使孩子形成孤僻、冷漠的性格特点，进而影响他们良好性格的形成。

由于年龄和身体因素，老人多喜静不喜动，活动范围狭窄，而且性格、行为、观念上也不喜变化，不愿变通，不善更新；不喜欢孩子吵、闹、跳，希望他安静、听话、服从、少惹事；很少鼓励孩子出去找同伴玩，总觉得带在自己身边更放心。由此，导致孩子的视野狭小，知识面较窄，不善与人交际、与人合作，缺乏应有的活力，不利于孩子形成开阔的胸怀以及活泼、宽容的性格，易使孩子产生孤独、敏感、自卑等心理障碍。

（四）交往范围与能力受限，产生社交恐惧

孩子长期与祖辈生活在一起，沉浸在老人的生活空间和范围内，对老年人的言行耳濡目染，容易造成心理老年化，失去天真与童趣。另外，有些老人体力和精力不济，又怕孩子独自出去，要求孩子长时间待在家里。长此以往，容易导致孩子不敢面对生人，再加上以自我为中心，很少从别人的角度考虑问题，不主动谦让与尊重，缺乏与人交往的方法与技巧，容易产生人际交往的心理障碍，进而给他们的身心健康和社会性发展带来较大影响。

四、隔代教养家庭子女教育的实施策略

随着隔代教养诸多问题的暴露，提高儿童隔代教养质量的理论与实践探索工作逐步进行。建立新型的教养模式，扬长避短，能使隔代教养更有利于孩子的健康成长。

（一）祖辈、父辈各尽其职，协调配合，形成教育合力

抚育孩子是为人父母的义务和责任，父母不管有多忙，都要抽时间与孩子沟通交流，担负起主要的家庭教育任务，做好"主教练"，及时了解孩子在幼儿园、学校的情况，和孩子交流想法，不能完全把孩子的抚养和教育交给老人。这样才能增强与孩子的互动，感受孩子的喜怒哀乐，让孩子感受到父母的爱。另外，老人该给自己定好位，尽力辅助子女，当好"助理教练"，既不越位，也不做摆设，做好亲子之爱的润滑剂；既不包办代替，也不甩手不管，注意适度的分寸感，把知识和经验交给孩子时，避免一些旧习惯、坏德性影响孩子。这样，在以父辈家长为主、祖辈家长为辅，双方紧密配合，形成强大合力的情况下，可以给子女一个相对全面、有力和完整的家庭教育。

（二）发挥祖辈家长优势，促进孩子认知和社会性发展

祖辈有着数十年的生活经验、长期的工作历程和丰富的人生体验，其社会阅历、人生感悟是一笔重要的精神财富，可以有意无意地引导孙辈观察、求知和探索，在耳濡目染中参与劳动、学习，发展智慧。比如，有的祖辈熟悉农谚、气象；有的善于饲养和种植；有的擅长琴棋书画；有的爱好运动；有的痴迷戏剧歌舞；有的心灵手巧，会剪纸、刺绣、自制玩具等。注重祖孙共读、祖孙游戏，与孩子一起摆积木、拼图、涂鸦，做各种游戏活动，活动中多与孩子谈天说地、交流思想、沟通感情，不仅能提高孩子的玩耍质量，丰富孩子的精神世界，还有助于激发和凸显他们玩耍中的智力因素，促进其认知能力和社会性发展。另外，祖辈对孩子成长各阶段可能出现的问题能及时地发现和解决，如孙辈头疼脑热、发生意外等。

（三）祖辈、父辈适当适时沟通，保持教养观念和要求一致

年轻父母除了要在百忙中抽出时间与孩子交流，增进亲子感情外，还应与老人多沟通，尊重和感谢老人对孩子的照料和抚养；经常和老人聊聊天，讲讲科学养育的新经验，虚心接受老人的指点；买一些科学读物与老人交流体会，帮助老人接受新事物；沟通时尽可能用简化语言，适时以老人能理解的方式表达，尽可能减少沟通障碍，保持教养观念和要求一致。

第六章
网络时代的父母教育

第一节　Internet 是当代人的必然选择

　　随着信息网络技术的普及与发展，网络世界的奇特功效已被越来越多的人深切感受到，越来越多的儿童、青少年被它吸引，并且满怀激情地走进网络世界，成为这个特殊世界的"公民"。"追网"不仅被许多儿童、青少年视为当前最为时髦的行为，也是他们议论最多的话题之一。但网络是一把双刃剑，它带来的并非都是幸福、享乐和希望，也给人们带来了忧愁、痛苦和危机。特别是对于青少年学生来说，由于他们的心理尚未定型，认识能力有待发展，世界观、价值观尚在形成中，分辨是非的能力较差，易沉溺于网络世界，诱发心理问题的可能性更大。

　　《全国科学技术名词审定委员会发布试用新词》规定 Internet 的中文名词为因特网，专指全球最大的、开放的，由众多网络相互连接而成的计算机网络，俗称信息高速公路。从形式上看，因特网系统仅仅是通过线路交换机将计算机连在一起，似乎并没有什么高深的学问，其实，就是这种技术上的连接创造了一个又一个的神话。它带来的不仅是一场技术上的革命，还有传统观念的变革，对人类精神文化生活产生重大影响。随着电脑的普及和网络技术的不断进步，因特网已经深入到社会各个领域，并进入寻常百姓家，成为人们日常生活的一部分。

一、因特网的特点

　　作为信息媒介，因特网具有以下功能。

（一）信息传播

任何用户都可以把各种信息输入网中，互相交流传播。随着众多的机构和个人，特别是各种信息机构和大众传播媒介纷纷加盟，因特网已成为世界最大的广告系统、信息和新闻媒体。

（二）通信联络

因特网有电子邮件通信系统，用户之间可以利用电子邮件进行通信联络。现在更有 QQ、微信等即时通信工具，使远隔万里的人瞬间即可联络。在许多地区，用户已可以在网上通电话，甚至召开电话会议。

（三）资料检索

因特网上流动着大量的信息，用户可以很方便地查询到自己所需要的资料，正因为此，有人把它称为全球最大的图书馆、博物馆和展览馆。

除此之外，因特网的功能和用途在不断扩展，逐渐渗入社会各个领域、层面和角落，改变着人们的生产、生活、活动和思维的方式。因特网是由世界上许多国家的局域网构成的，它既没有最高权力的控制设备或机构，也没有国界或中心，没有任何人、任何机构、任何国家可以控制它，而且它的传播速度正如威尔·希弗利在《难于置信的光收缩》一书中描述的那样："今天一根头发丝般细的光纤，能在不到 1 秒的时间里将《大不列颠百科全书》29 卷的全部内容从波士顿传到巴尔的摩。"因特网是一个信息的海洋，各种信息无奇不有，丰富而新鲜，并具有运行的快捷性、同步性和使用的简便性，以计算机、通信和信息、技术为支撑的网络将成为联结未来信息社会的纽带，它将世界各国和地区连为一体，形成一种崭新信息与通信网络系统，以更快的速度传送和处理数量日益增加的数据、信息和知识，这极大地满足了儿童、青少年对新知识的好奇和渴望。

二、网络人际交往

作为交往方式，网络人际交往具有以下主要特征。

（一）超时空性

现实社会的人际互动总是发生在一个具体的情境中，具有空间和时间的实在性，人们借以在其中去把握行动，判断"在场"与"缺场"的意义。

而在网络人际互动中，不仅时间和空间发生了分离，而且空间与场所也发生了分离。因特网极大地延伸了人们虚拟中的互动的空间距离，又压缩甚至取消了现实的人际互动过程中所需的时间和场所。

（二）去社会性

现实社会中，行动者总是被打上特定的社会烙印，带有各种各样的社会特征。而网络空间是一个既隐匿又流动且非面对面的情境，人们在其中互动时，既不会被人监视，也不用太顾忌社会规范的压力，而在现实社会互动中的人际障碍，如社会地位的悬殊、生活方式的不同、文化层次的高低、身份和职业的差异等均可在网上消失，取而代之的是人们在网上非常平等、非常自由和普遍的交往关系。

（三）弱规范性

在现实社会中，人们总是受到一定的社会规范的制约，这些规范经历了人类数千年文化的提炼，对人们具有普遍的约束功能，使人们的行为具有标准且具体的参照框架。而网络社会作为人类的一种新型的虚拟性的社会生活空间，跨越了国家、民族、文化、地域的界限，使得原本存在于现实社会生活空间中的规范和秩序逐渐过时或不适用，提供给人们逾越社会规范与松弛禁忌压力的机会空间，以及"自我"有更多伸缩自如地表达意见的空间。

网络人际交往的这些特性为当代社会的人们提供了更方便且范围更大的社会交往机会，使广大儿童、青少年的社会性得到空前的延伸和发展。

首先，网络人际交往使儿童、青少年的交往空间扩大。在传统交往方式下，他们的人际交往往往囿于实际生活中狭小的生活圈子，而网络交往却可使他们跨越千山万水，突破地域空间的限制，让整个地球变成一个小小的村落，真正实现"我们的朋友遍天下"。

其次，网络交往有利于儿童、青少年主体意识、参与意识的提高。网络交往以言论本身的特点作为价值衡量标准，而不看参与者的社会地位、身份、教育水平等，儿童、青少年作为独立的个体参与网络人际交往，不用屈服于权威，无须看他人脸色行事，随时随地以平等的身份发表各自的不同观点，有利于人际交往的深入与情感的互动。

再次，网络人际交往为儿童、青少年个体情感宣泄提供了良好途径，有助于他们的心理健康。网上论坛、网上聊天室等给儿童、青少年的情感宣泄提供了一个极佳天地，他们可以尽情挥洒自己对人、对事的不同看法，表达自己的欢悦、激动、喜爱、痛苦、不满和愤怒等丰富多彩的情感体验。同时，目前网络允许使用者以匿名的方式与其他使用者交流，这样使用者就可以把原来受社会影响而不能说出来的情感表达出来，可以让一些人宣泄被压抑的情绪，从而获得一定的心理自疗效果。

三、网络技术

作为文化现象，网络技术在促进生产力发展，给人们生活质量带来巨大功利价值的同时，也闪耀着光辉的精神价值，具体体现在以下几方面。

（一）创造精神

网络活动使人在处理主客关系、身心关系和自我关系等方面显得更加理智和自觉，生命智慧的展示、生存理想的实现、个体心理和精神的满足、自我个性的张扬、人类生命的关爱等人类本质力量的实现，在网络的强大的创造力中逐一得到解决。

（二）个性化精神

网络空间文化的核心是自由、开放，在这个虚拟社会里，人人都是自由的，每个人可以根据自己需要自由选择，其他人无法控制。因此人的个性化发展获得广阔的空间，个人的潜能、自由、民主意识得到了充分的发挥。

（三）奉献精神

网络是基于信息资源共享建立起来的，在网络中没有任何机构拥有特殊的管理权，人们遵循的基本原则是：所有网的子网可以在彼此免费的情况下获取别人的信息，同时，每个网络和计算机也要无偿地为网络提供资源。

（四）开放精神

网络技术超越了时间和空间的限制，距离不再是人们交往的障碍，随着电脑的日益普及和网络技术的不断进步，可以预见，就像人类开掘运河，

修筑铁路、公路、高速公路和发展航海、航空业一样，网络将进一步把地球变小，并将世界上的万事万物尽收网中，它让全球沟通便利千万倍。因此，网络强化了人的开放思想和开放意识，铸就了时代所需要的开放精神。

网络发展衍生出一套新的价值观念和人文精神，与当代人独立自主、追求个性、崇尚创新、渴望开阔视野的价值取向是一致的。当代儿童、青少年通过网络了解世界各地的文化传统、领先的科学技术成果、丰富多彩的文学艺术，接触到多元文化所组成的多元世界，潜移默化中接受了新的价值观和文化模式，不知不觉地形成新的人格系统和新的人文精神，成为适应新时代需要的高素质人才。

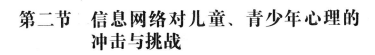

第二节 信息网络对儿童、青少年心理的 冲击与挑战

人类历史上任何一项科学技术的发明和运用，既给人们带来了便利，同时不可避免地带来了一些负面影响；人们在享受新技术成果的同时，又逐渐养成对新技术成果的依赖心理，并悄无声息地变成新技术成果的"奴隶"。以信息技术为核心的网络极大地改变了人们的生活方式，似乎缩小了人与人之间的空间距离，但它却无限地拉远了人与人之间的心理距离。网络给人们的心理带来了很大的影响，特别是对正处于价值观念生成和选择时期的儿童、青少年的影响更大。

一、网络可能淡化和消解儿童长期积淀的民族文化心理

中华民族源远流长的文化润泽了一代又一代儿童、青少年，在他们的思想上打下深刻的民族烙印，形成了我们民族特有的文化，即包括民族传统、价值观等一系列区别于其他民族的意识形态结构和民族心理。但在网络时代，人们可能模糊对自己民族文化身份的确认，淡化自己民族文化打下的烙印，消解自己民族的优秀文化，成为在心理上民族身份模糊不清的人。因特网具有开放性，它完全打破了国界，诚如彼得·杜拉克在《新现实》一书所言："信息现在是跨国界流动的，像金钱一样，它没有祖国。"因特网可以给我们带来大量新鲜而真实的信息和发达国家的先进观念，但西方发达国家凭借经济、技术和信息资源的优势，大肆进行网络信息扩张，这种文化的单向流动也可能同时消解我们有价值的应当保留和弘扬的意识形态，从而使儿童、青少年的文化背景呈现西方化倾向。因为因特网的基

础语言是英语，其主导国家是美国，潜伏在这种表面现象之后的本质是因特网上运行的往往是美国式的意识形态。

在对外战略上，美国利用因特网的意识和意图十分明晰，且成为政府的一种自觉行动。美国将其创制的网络标准推广为全球标准，通过因特网向全世界全方位、全时空、全天候地推销自己的价值标准、意识形态、外交政策、商业理念和社会文化。在对外文化扩张和渗透中，美国大力发展全球卫星视听系统以及信息互联网，通过无法阻挡的电波，向其他国家特别是第三世界进行文化倾销，以期占领对方的文化阵地。因此，今天的因特网使美国的意识形态更加畅通无阻，它在迅速地同化着我国的儿童、青少年，使他们失去文化身份，从而失去文化根底，沦落为美国式文化的附庸。

二、网络可能导致儿童认知能力片面发展

网络是集文字、声音、图像于一体，构成一种立体化的传播形态，网络信息丰富且生动形象，它对开阔儿童、青少年眼界，帮助他们了解更多的新鲜事物等方面起着积极作用。信息的丰富伴随着信息的爆炸、信息的污染，网络上流动的各种冗余信息成为干扰儿童、青少年选择有用信息的"噪声"，影响了有用信息的清晰度和效用度，不利于儿童、青少年对知识的正常吸收。诚然，信息占有量和知识面的大小对现代人而言是举足轻重的，但人类大脑信息承载能力及信息处理能力是有限度的，信息的大量涌入导致了信息的系统化和可利用性的不足。

网络已成为人们生活中越来越不可或缺的重要组成部分，但由于有些儿童、青少年过度依赖网络，书本阅读、亲身实践等方面逐渐弱化，使他们获取知识的方式成了一种"快餐模式"，这必然使他们的知识水平下降。更为严重的是，网络技术的一律化、标准化、程序化只能使人们的思维简单化、浅形化、直观化，这对儿童、青少年的思维发展，尤其是逻辑思维的发展产生一定的阻碍作用。这是因为网络拥有丰富的信息资源、生动形象的表达方式，与现实世界相比，网络信息具有高度的综合性，同时超越了简单文字或静态图像的桎梏。

在这种情况下，儿童、青少年难以接收到能够挑战其思维能力（主要是逻辑思维能力）的刺激，久而久之，他们会倾向于注重对事物的感知，而非理性的分析，其逻辑思维发展空间较为有限和局促。于是，他们往往拥有发达的形象思维能力，而想象力和逻辑思维能力却较差，认识能力肤浅化、感性化，难以把握事物的本质。

三、网络可能造成儿童情感冷漠，处世态度消极化

因特网的出现使人与人之间的交往方式发生了变革，在沟通感情方面有其独特之处。它具有广泛性，人们可以在几千万甚至更多的人中选择交往对象，并同时与其中的许多人交往，找到知音的机会大大多于现实的狭小范围；它具有间接性，人们无须面对面交流，这就大大增加了人与人之间的神秘感，随之而来的是美好想象和交往热情；它具有安全性，人们不必担忧因泄露自己的隐私或秘密而失去面子或危及自身利益。与网络交往的这些优点相比，现实社会的人际交往是一种综合的心理和行为过程，其运行机制要复杂得多，容易失败，常常因为利益相关而互设心理障碍，很难找到真心朋友，无法满足关怀需求。当人们在虚拟世界获取的快乐与满足感比现实世界多时，他们可能会把更多的时间和精力投入网络当中，而每次在现实生活中遇到挫折时只会让他们更加倾向在网络中寻求安慰。这种循环很可能造成一个后果：人们只愿意在网络上寻求虚拟但完善的人生，而消极地对待充满缺陷的现实社会。

然而，现实的人际交往是作为一个有着健全社会性的人所不可缺少的社会互动。如果在人际交往中遭到挫折，就过分依赖网络虚拟的交往来寻求安慰和满足，更消极地对待现实的人际环境，是极不利于实现社会化的。人际交往是儿童、青少年丰富社会性、健全心理状态的重要途径。青年期是情感体验和不容易自控的高峰期，青少年喜、怒、哀、乐的多重表现是其完成社会化的最正常的生理和心理的发育过程。而实现这一过程的必备环节就是将自己置身于人与人的情感互动氛围中。因为在实际生活中，人们的情感并不能无拘无束地表露，总是要受到他人及社会的"匡正"。同时，不管自己喜欢不喜欢，人们总是要面对自身生存的情感氛围，只有在

自我情感与社会发生冲突的过程中，人们才能确立起情感自我，进而不断地完善和发展情感自我。有的儿童、青少年在人际交往中遭受冷遇和挫折，不是积极地去调节、完善，而是选择了放弃，转而沉溺于网络交往，对身边的人和事漠不关心、冷漠无情，陷入孤立疏懒、空洞贫乏的人生状态和空虚苍白的心理状态。有的儿童、青少年与现实生活产生了距离感，对不理想的社会现实感到悲观失望，消极厌世。还有个别儿童、青少年由于在网络上与志趣相投的陌生人交流的随意性，和隐匿性使他们成为被侵害的对象。

四、网络可能诱发儿童的破坏欲望

每个人都生活在现实世界的不完美即有限性与自身欲求相对的无限性的冲突之中，儿童、青少年尤为强烈，这种冲突一旦失衡，就会转化为破坏欲望。在现实世界中，这种欲望会受到道德、法律、舆论等社会规范的约束而处于"蛰伏"状态，即使冲破社会规范得以发挥，也会因现实条件的限制而影响有限。但在信息网络这个几乎不设防的世界里，儿童、青少年"网虫"的所有言行都是通过敲击计算机键盘，向网络输送代码来实现的，他们所有的言行可以不留下任何痕迹，加上自控力和责任感比较弱，儿童、青少年极有可能在网络上充分地暴露压抑在心里深层的需要和欲望，完全按照自己的意愿做事。

随着网络的普及，围绕网络的信息犯罪也越来越严重，目前，网上犯罪主要有四类："逆流""黄潮""黑客"和"蛀虫"。"逆流"就是境内外反动势力利用因特网进行反动渗透，直接涉及国家的安全和人民的利益；"黄潮"是指通过网络闲聊色情话题、交换裸体照片、剪贴黄色影片的镜头等方式大肆传播黄色淫秽信息；"黑客"就是指对计算机信息系统进行非授权访问的人员；"蛀虫"是指利用计算机技术和知识谋取非法利益的违法犯罪行动。据国内外报道，围绕网络的信息犯罪的主体是青年。出现这种情况并不是偶然的，这是青年自我约束力和自控力下降后，猎奇和挑战自我心理极度膨胀所带来的必然结果。我们不能否认大多数人们进入网络的初衷是为了享受现代科技发展所带来的成果，不断完善和发展自我，但是随着网上生活时间的增加，他们当中的一些人逐渐被网络所"异化"，他们在网上漫游，或许好奇，或许无聊，或许想证明自己，或许想发泄心里的不满，就冲动地搞一些破坏性的操作。有的儿童、青少年在网上发布虚假信息，恶意中伤他人，进行人身攻击，但信息发布源却不知何处。有的儿童、青少年非法进入他人的网络系统，破坏他人的数据和资料，非法使用他人的网络系统。例如，在网络中越不允许一般网民进入的区域，他们越想进入，甚至想破译国家军政机关、金融部门的网络系统的密码，把偷阅国家政治、经济、军事机密材料视为自我成功的象征。

五、网络可能造成儿童的心理障碍

驰骋在信息高速公路上，感受网络空间中信息流的冲击，畅游于因特网中，体验扮演虚拟社会成员的感觉，不由得让人流连忘返。尤其是对易于接受新鲜事物，有强烈探索欲和好奇心的儿童、青少年而言，网络对他们有着无限的吸引力，这种吸引力往往会导致儿童、青少年对网络的极度迷恋，进而发展成为病态的网络沉溺。这种因特网痴迷症在国外较为常见，近年来在国内也发现了一些对网络"一网情深"者，特别是一些青少年，甚至发展到为上网而放弃上学。心理学家警告，青少年上网学习新知识值得鼓励，但如果过度沉迷其中，将减少与外界接触的机会，加之长期与家庭缺乏沟通，势必导致家庭及社会价值观的改变，久而久之，就有可能患上网络性心理障碍。这种心理障碍是指患者无节制地花费大量时间和精力在因特网上持续聊天，以致损害身体健康，并在生活中出现各种行为异常、心理障碍、人格障碍、交感神经功能部分失调。

需要特别指出的，一些网络提供的错误信息，如色情网站等，使儿童、青少年通过网络在一起彼此灌输错误的网络信息，将严重影响他们的人格成长和身心健康。因特网是各种信息的大杂烩，不仅有各种学术信息、娱乐信息、经济信息，也充斥着各种各样的黄色、暴力信息。

在网络中，儿童、青少年可以多元化地选择和获取信息，改变了以往依赖媒介推出信息的单一接受方式。由于青少年正处于生理发育的关键期，对性知识想了解又羞于启齿，再加上意志力不坚强，抵抗不良信息影响的能力较差，因而有的儿童、青少年出于好奇或冲动心理刻意地去寻找一些色情信息和低级庸俗的内容，进而引发他们不健康的性心理，严重者可能会导致性变态，甚至性犯罪，极大地损害儿童、青少年的身心健康。

尽管网络给儿童、青少年的心理带来了很大的冲击，但是网络化的趋势是不可避免的，并且呈现越来越快的增长势头。因此，如何利用网络为自己的健康成长服务，在网络面前不迷失自我，是网络时代的儿童、青少年面临的挑战。

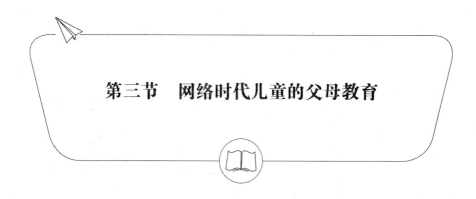

第三节　网络时代儿童的父母教育

一、信息网络对儿童心理的冲击与挑战

信息网络的出现丰富了儿童、青少年的精神文化生活，但随之产生的问题就是人与人之间的直接交往可能因此而日益减少，造成儿童、青少年人际关系的淡漠，而人际关系的淡漠又迫使他们到网上去寻找感情的寄托，这样会形成一个恶性循环，周而复始，部分儿童、青少年将越来越依赖因特网，从而迷失了自我。因特网作为一种新兴的信息传播工具，在 21 世纪会扮演更加重要的角色。作为新世纪社会的代言人，当代儿童、青少年应以开放的心态对待因特网的挑战；作为家长，要对信息网络所引发的问题进行研究，采取有力措施积极应对，引导儿童、青少年正确、合理、科学地利用网络信息。

（一）培育儿童、青少年拥有加工、处理、整合、创造信息的心理能力

1.培养儿童、青少年善于接受和识别新的信息

网络是一个庞大的文化信息库，人们既可注入、存储信息，也可从中选择有用信息，从而实现信息的传递和交换。从理论上讲，网络信息储存量是无穷无尽的，而且处于不断刷新与时刻变化状态，它能满足大多数人对信息的需求。因此，在网络时代，人们要善于随时接受新的信息，承认新信息的现实性。但是，由于网络上的个人都可以成为传递信息的来源，如何判断资讯的正确性与完整性便成为一个极为迫切的问题。可以说，现

在我们已经不必担心缺乏信息，而需要担心没有时间和能力去消化大量的信息。信息泛滥的结果，可能反而令我们无力判断真伪，乃至于不知所措。

2.培养儿童、青少年有快速有效加工信息的能力，使知识系统化

接受新的信息并不一定要储存新的信息，而要根据实际和未来的需要，正确选择、储存信息，对有关信息进行编码加工，使信息系统化、知识化。信息网络使信息传播手段在空间和时间上发生了变化，知识周期缩短，在这种情况下，儿童、青少年要有正确选择和处理各种新信息的能力，使知识信息系统化。遍布全球的网络使得跨国界的投资、生产、管理、市场、营销、劳动、技术成为一个不可阻挡的世界潮流，各国之间的相互依存越来越明显。新的国际劳动分工将不再主要依赖自然资源和廉价劳动力，也不主要依赖一个国家的资本力量，而将更多地依赖信息和知识。那么，处理信息和知识最有效的主体是人，而最终拥有知识的也是人，因此，能否正确处理信息，使知识系统化，是人能否适应时代、跟随时代的有力保证，也成为我们评价儿童、青少年心理健康的一个重要标准。

3.培养儿童、青少年要更新学习观念

儿童、青少年的学习是一个识别和接受信息的过程，树立如下观念是非常重要的。一是树立终身学习的观念。终身学习是20世纪六七十年代形成和发展起来的一种国际性教育思想。有专家认为："终身学习是21世纪的生存概念"，这就意味着网络时代的学习将发生根本性的改变。二是树立不仅"学会"而且"会学"的观念。学习有两种基本方式：一种是维持性学习或称适应性学习，它的功能在于获得已有的知识、经验，以提高解决当前已经发生的问题的能力，即"学会"；另一种是创新性学习或自主创新性学习，它的功能在于通过学习提高人发现、吸收新知识、新信息和提出新问题的能力，以迎接和处理未来社会发生的日新月异的变化，即"会学"。在网络时代，必然要求儿童、青少年在学习方式上实现从"维持性学习"向"创新性学习"的转变，变"学会"为"会学"。三是树立利用现代信息传播技术进行学习的观念。不同的信息手段，决定着人们获取信息量的大小和学习的模式，它直接影响着学习的效率。在网络时代，信息

手段的革命性变化，已为当代儿童、青少年的学习展示了美好的前景，也提出了更高的要求。

（二）培养儿童、青少年网上自我教育的能力

1.自我教育是教育现代化的重要标志，也是现代化教育的必然要求

自我教育的实现和发展与政治民主化程度的提高、儿童和青少年自我意识的增强以及社会信息化步伐的加快息息相关。在传统的单一价值观和单向的灌输模式影响下，自我教育功能很难得到发挥。而社会开放和政治民主化的发展使社会价值取向趋于多元化、个体本位化，也使儿童和青少年自我意识增强，使其在教育关系中的主体性地位加强，他们对自我教育的需求也在增长。另外，随着信息网络化的迅速发展，当代儿童、青少年所面对的信息量空前增加，由于信息缺乏而导致的个人对信息很少有选择和拒绝余地的时代已经一去不复返，面对纷繁复杂的信息，儿童、青少年必然要独立自主地进行选择。

2.要相信儿童、青少年的思想觉悟和自律能力

我们应该正视这样的事实：信息网络对传统的宣传方式和教育方式是有冲击的，但也不要低估儿童、青少年对社会政治事务的判断能力。调查研究表明，成熟的网民对网上信息的选择性是很大的，因为网上虚假的信息太多了，这就造成网民对网上信息持半信半疑的态度，成熟的网民往往浏览固定的网站，不会在网上到处"冲浪"。因此，面对网络上的文化挑战，我们不能以关闭网络、断绝交流的方式应付，而应以全新的思路积极应对。就儿童、青少年来说，要不断提高他们的个人修养和自律能力。从本质上讲，修养是道德主体的自我道德教育，当一个人具有强烈的道德修养愿望，并具有了自我修养的能力时，也就达到了道德教育的目的。

3.要对儿童、青少年网上自我教育行为进行引导

自我教育只是一种手段、途径，服务于教育者的预期目标，必须在主流文化要求的思想意识、道德规范内，启发、引导、促进、加速受教育者内部的消化活动。因此，我们必须对儿童、青少年的自我教育行为进行引导，具体来说需要研究和考虑以下几个方面。

一是从消极到积极。网上消极文化以及儿童、青少年自我教育中消极

面的存在表明，研究并采取措施使儿童、青少年自我教育行为摆脱消极影响，并朝积极有利的方向发展极为必要。

二是从无序到有序。网络文化在很大程度上处于"无序状态"，儿童、青少年网上自我教育是随着网络文化的发展而自发形成并发展起来的，它面临着加强管理和从无序到有序的转变问题。

三是从自发到自觉。目前，网上各种活动处于自由状态，儿童、青少年自我教育功能未得到应有发挥。因此，培养并加强儿童、青少年网上自我教育意识是一项重要任务。

四是从有限到无限。网络或网络文化对人们来说是非常有用的，但大量虚假信息、违反伦理道德甚至法律规范行为的存在，以及学生本身在知识、认识方面的不成熟决定了网上自我教育作用的有限性。

五是从无为到有为。自我教育不等于自发教育和自由教育，家长应积极介入网络，在孩子自我教育中发挥积极引导作用，如家长可化名参加版面讨论，以引导孩子的讨论朝着深入、积极方向发展，进而提高儿童、青少年自我教育的质量。

（三）儿童、青少年"网络成瘾症"的诊断与调适

有些儿童、青少年因上网过度而出现生理和心理异常，这种症状属于网络成瘾症，患者由于沉溺于网络游戏、聊天或浏览网络而出现情绪低落、思维迟钝、自我评价降低等症状，严重的甚至有自杀意念和行为。为此，专家告诫儿童、青少年不要沉溺因特网而损害身体，荒废学业。

1.网络成瘾诊断与类型

网络依赖实质上是一种技术依赖，属于行为依赖，是一种包含人机交互的非生化（行为）依赖，具有能助长依赖倾向的诱导和强化的特征。

具体来讲，网络依赖是指依赖者无节制地花费大量时间和精力在网上"冲浪"、聊天或进行网络游戏，并且影响生活质量，降低学习和工作效率，损害身体健康，导致各种行为异常、心理障碍、人格障碍和神经系统功能紊乱等消极后果。其典型表现是生物钟紊乱、睡眠障碍、情绪低落、思维迟缓、社会活动减少、自我评价降低等，严重的甚至会产生自杀的意图或行为。

网络成瘾症已经引起了国外精神病学家和临床心理学家的重视和研究。研究者认为，这是个很广的概念，涉及一系列不同的行为和冲动控制问题。要诊断一个病人患有网络成瘾症，病人必须在过去 12 个月内表现出下列 7 种症状中的 3 种以上：

第一，耐受力增强：病人要不断增加上网时间才能达到同样的满足程度。

第二，戒断症状：如果有一段时间不上网，病人就会变得焦躁不安，不可抑制地想上网，时刻担心自己错过了什么，甚至做梦也是关于因特网。

第三，上网频率总是比事先计划更高，上网时间总是比事先计划要长。

第四，企图缩短上网时间的努力总是以失败告终。

第五，花费大量时间在和因特网有关的活动上，如安装新软件、整理和编码、下载大量文件等。

第六，上网使病人的社交、职业和家庭生活受到严重影响。

第七，虽然能够意识到上网带来的严重问题，病人仍然继续花大量时间上网。

网络成瘾症包括以下几种类型：

（1）网络色情依赖。此类成瘾者沉迷于观看、下载和交换色情作品。在目前的网络空间中，色情信息的泛滥达到了使人难以置信的地步。儿童、青少年对性知识的了解还处于模糊和好奇的阶段，网络色情信息不仅满足了他们的好奇心理，还使得一部分人沉迷其中，不能自拔，这样势必会影响他们的正常学习和生活。

（2）网络关系依赖。这一类成瘾者过于迷恋在线人际关系，将全部精力投注于在线关系或是虚拟偷情之中。由于来自各方面的压力越来越大，有些学校的课外活动较为匮乏，部分儿童、青少年觉得生活很枯燥乏味。因此，他们喜欢在网上找网友诉说不幸或不满，或者随心所欲改变自己，让网友欣赏自己，满足自己的需要。现实中面对面的接触让他们不安和焦虑，这使得他们的心灵更加封闭，逐渐形成孤独和抑郁等症状。

（3）网络游戏依赖。成瘾者将大量的时间和金钱花费在网络赌博、游戏、购物和拍卖等活动中，尤其是网络游戏最为突出，各种各样的网络游

戏让他们得到了比现实生活中更多的乐趣，体会到了新鲜感和满足感，长此以往，就变得欲罢不能。

（4）信息收集依赖。网络对于儿童、青少年而言，其主要功能应该是查资料、开阔视野等。但有的儿童、青少年在搜集信息和资料的过程中会从网络上下载无关紧要的或者不迫切需要的信息，并以堆积和传播这些信息为乐趣。

2. 网络成瘾的原因

（1）网络本身的特点。网络空间是一种精神文化空间，它使现实与虚拟、人工经验与真实世界之间的界限变得模糊。因特网对个体心理的影响取决于网络空间这一特殊虚拟情境的特征。

网络依赖的用户主要使用网络的社会功能和互动功能，台湾学者周荣和周倩的研究探讨了使用者在网络中获得的五种"沟通快感"，包括：a. 匿名快感，指在网络中因为匿名所带来的快感；b. 人际互动快感，指在网络中与他人沟通所得到的快感；c. 行为快感，指使用网络所得到的快感；d. 文本互动快感，指在网络中用文字与人互动的快感；e. 逃避快感，指在网络中可以忘却烦恼与责任所得到的快感。

正是这五种快感吸引了使用者一而再、再而三地使用网络，最终导致网络依赖。

（2）网络成瘾者的原因。首先，人类天性中存在着游戏的倾向，并在某些特定人群中有很高的概率。网络游戏丰富多彩、刺激新鲜，极大地激发了儿童、青少年的好奇心和探索欲，令他们中的许多人身不由己，欲罢不能。其次，在现代社会中，人们多少需要一点幻想来慰藉一下自己的心灵，而虚拟空间便是最好的去处。因为在虚拟空间中人们可以做自己想成为的人，模仿他人的语言，成为别人眼中的优秀者，使自己的虚荣心得到满足。最后，网络成瘾症患者往往具有某些特殊的人格特征，如喜欢独处、敏感、倾向于抽象思维、不服从社会规范等，并且大多数患者在上网成瘾之前，常常已经患有其他的心理障碍，如抑郁症和焦虑症。

3. 网络成瘾症的调适

从上述分析中不难发现，造成这种现象的原因是心理上的，因此，对网络中的心理负面效应应当采用指导疏通的方法。对于过分迷恋网络的人，我们需要在心理上给予他们指导，使他们养成正确的上网心态。以下三条具体建议可以帮助儿童、青少年预防网络成瘾症。

第一，不要把上网作为逃避现实问题或者消极情绪的工具。

第二，上网之前先设定目标。每次花两分钟时间想一想上网的目的是什么，把具体内容列在纸上。不要认为这个两分钟是多余的，它可以为你省下 10 个甚至 100 个两分钟。

第三，上网之前先限定时间。看一看列在纸上的任务，然后估计一下大概需要多长时间。

总之，我们在享受网络精彩绝伦、快速便捷的服务时，千万不能忘记很重要的一个原则：那就是网络不能完完全全地替代现实生活，它只是真实生活的一种补充，或者说补偿。

对于已经在网络中迷失的儿童、青少年，家长不能一概否定，应当用正确科学的方法指引他们。

二、网络对传统的家庭教育的冲击与挑战

由于年轻人和父母在对网络技术的接纳上存在态度和行为上的差异，直接导致了传统家庭教育出现了发展中的断裂，表现为家庭教育陷于茫然、被动、无力、苍白的状态。具体来说，网络对传统教育的冲击表现在以下几方面。

1. 家长的知识权威性受到了网络的空前挑战

在传统的家庭教育中，家长的知识、经验本身就是一本沉甸甸的教科书，在纸质媒体时代，孩子有什么问题，基本可以从父母或长辈那里得到答案。但在网络媒体时代，这一切都被颠覆了，孩子通过因特网可以很方便地寻求到自己所需要的知识，他们完全可以自主学习，选择学习。一般来说，家长教育子女的权威性由三部分构成：人格权威性；源于血缘亲情的权威性；拥有知识的权威性。当今的时代，传统的家庭教育中父母和子女的知识传承性被互联网切断了，而且家长知识权威性的丧失削弱了父母人格的魅力，加大了家庭教育的困难。

2.家长向子女传递信息的过滤性与网络复杂性的矛盾

一般来说，家长给孩子传递的信息或知识是经过过滤的，尤其是对孩子身心发展有副作用或危害的信息，家长是不会向子女传播的，起到了"防火墙"或"隔离墙"的作用。尤其是近年来，家长掌握了一些教育子女的新观念、科学知识和正确方法，他们的教育素质有明显的提高，很注意不良信息对子女的影响，注重在家里营造健康文化氛围。但在网络时代，家长的"防火墙""隔离墙"作用日渐消失，不能完全做到对不良信息的屏蔽，网络上一些对未成年学生有诱导和误导的不良信息容易扭曲他们的价值观和人生观，改变他们对社会、对人生的看法。

3.家长和子女的亲和力受到了网络的冲击

亲子沟通是家庭教育的基本途径，良好的、有效的亲子沟通有助于建立和睦的家庭教育关系。在网络时代，未成年子女把相当多的时间用于上网，和父母交流沟通的时间逐渐减少。网络作为"第三者"介入家庭生活，使得家长产生了被淡漠、被无视的感觉。

4.网络对家长素质提出了新的要求

家庭教育是家长对子女进行教育指导，网络时代的家庭教育对家长的素质提出了新的要求。具体地讲，家长要面临下列挑战：对网络的接纳程度；对网络技术的应用程度及水平；家长网络道德水平和网络社会的法制意识；对未成年子女上网的科学指导和管理能力。

三、网络时代家庭教育的变革与创新

家庭教育具有历史性，不同时期的家庭教育有不同的社会内涵。家庭教育要不断地吸收社会先进的文化科技成果，以彰显其生命力。在网络时代，家庭教育需要做出以下变革与创新。

1.改变对因特网的偏见

科学技术是推进社会变革包括观念变革的巨大力量，从科学技术发展史来看，尤其是直接影响人们社会生活的科学技术在其推广的初始时期，人们要有一个适应阶段，因特网技术的发展也经历了这样的过程。当前，家长对网络的偏见主要为"上网对孩子有害""上网弊大于利"。其实，上

网聊天、玩游戏只是网上娱乐活动，并不是全部内容，很多中小学生在网络世界汲取精神营养，寻找资料，学习知识，开阔视野，网络给他们带来了很好的精神享受。

2. 要消除两代人在网络时代的"代沟"

家长和子女在对网络的认识上存在明显代沟，绝大多数孩子认为上网"利大于弊"，而大多数家长则认为"弊大于利"。究其原因，主要是家长和孩子在网络知识掌握上存在差距，孩子的网络知识多于家长，他们从网络中获益良多，而家长群体没有经过系统的网络基础知识的培训，其中不少是"网盲"，他们固守着"上网有害"的成见，那些经常上网的家长对网络的接纳意识较强。因此，家长要深入了解网络，指导孩子正确利用网络，逐渐消除与子女之间的代沟。

3. 家长要改变学习观念

学习是人提升自我能力的基本手段，人们不仅要从传统纸质媒体获取知识，也要从网络传媒中获得知识。尤其是现在社会，网络世界信息浩繁，几乎包容了人类的一切知识性成果，浏览权威性、专业性网站，对家长来说是非常便捷的学习方式。具有上网条件的家长要改变学习观念，充分利用并享受网络这种传媒工具来丰富、充实、发展自己。家长学习走在子女的前面，家庭教育指导才有效果。

第七章
父母教育与儿童的发展

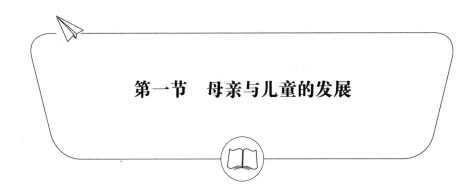

第一节　母亲与儿童的发展

一、母亲素质影响儿童社会化的诸多方面

（一）母亲素质与儿童个性发展

母亲素质对儿童个性发展的影响主要通过母性意识、母亲教育意识及母亲养育态度等方面体现出来。

1.母性意识

关注母性意识对儿童个性发展的影响是近几年在国外开始出现的新趋势。母性意识指母亲在育儿过程中对儿童身心基本需要的敏感性和反应性。有关研究发现，母亲的敏感性和反应性是母子依恋质量的决定性因素之一，也是儿童在认知与情绪发展以及身体发育方面出现个性差异的重要来源。

2.母亲的教育意识

母亲的教育意识主要体现在她对孩子的教养模式与期望上。母亲教养模式在儿童的认知发展、同伴关系、性格形成、自我概念、心理健康等多方面具有不可忽视的影响。我国留学生张溯通过东京与北京两地母亲教育意识的比较研究认为，对孩子的期望值，中国母亲比日本母亲高；在孩子的最终成长水平与母亲期望的一致性方面，中国与日本相比较差。母亲的教育意识深受其所处的社会地位的影响。母亲社会地位的低下，家庭社会角色分工的不平等将母亲局限于传统文化所规定的模式之中，家务劳动量大，空闲时间少，这些因素是她们理性地、科学地认识、选择和优化现代家教模式所不可逾越的屏障。林磊在其《幼儿家长教育方式的类型及其行为特点》的研究中，探讨了母亲的受教育水平对其教育方式的影响，结果表明，尽管母亲受教育水平与儿童的发展没有直接联系，但他们影响母亲的教育方式，从而间接地对儿童的发展产生影响。陶沙等人在《3-6岁儿童母亲的教育方式及影响因素》的研究中也发现，母亲的受教育程度不仅影响母亲的职业选择，还在一定程度上限定其构建家庭的选择范围，形成特定的家庭社会背景、家庭文化氛围、家庭教育思想，进而影响儿童的社会性发展。

3. 母亲养育态度

美国心理学家鲍德温等人进行的母亲养育态度与儿童个性关系的研究表明，母亲若采取民主性的态度，儿童就显示出合作、独立、善社交等个性特征；母亲如果采取否定、不关心的态度，儿童会表现出冷酷、攻击、自高自大和情绪不安定等个性特征；母亲如果采取支配、干涉和专制的态度，儿童就显示出顺从、依赖和被动等个性特征。

（二）母亲素质与青少年犯罪

青少年犯罪的日益加剧是一个值得高度重视的社会问题，有关研究表明，青少年犯罪与母亲群体素质之间存在着一定的联系。第一，具有较强攻击性的青少年比一般人更易出现行为问题。从有关青少年犯罪家庭因素的调查发现，家庭冲突（主要是父母冲突）越多、越激烈，母亲教育行为越消极、敏感性越差，在这种家庭中成长的孩子表现出更大的攻击性，极易走上犯罪道路。第二，具有严重情感缺陷的青少年，不仅缺乏对他人情感和幸福的关心，而且会通过非正当的行为来达到补偿性的满足。可见，儿童与青少年情感的发展离不开母亲的温暖、理解，深受母亲素质的影响。第三，当前青少年犯罪中的抢劫、吸毒人数明显增加，且大多以钱财为目标。这从侧面反映了犯罪青少年家庭中，父母在处理钱财关系时，有意、无意地灌输给孩子一种错误的金钱观念，这种家庭教育现状，除与父亲有关外，与母亲素质低也是分不开的。

（三）母亲心理素质与儿童的心理健康

母亲对子女影响最大的是行为和与之密切相关的心理状态。这是因为儿童对母亲内心的重大变化经常有迅速的反应，母亲有心理障碍，会投射到子女的心灵上。母亲的消极情绪、情感较多，心情抑郁、烦闷，一方面会影响她们对子女的态度，影响教育子女的积极性；另一方面会使整个家庭生活充满紧张、压抑的不良气氛，而受其影响的孩子也易引起恐惧、烦闷等情绪，进而产生抱怨、逆反甚至出现许多行为与适应上的问题。

（四）母亲文化素质与子女学习成绩

母亲的文化素质不仅通过其教育意识及教养态度影响子女的个性发展，而且通过其特殊的教育方式影响学生的学习成绩。文化程度高的母亲由于其受教育年限、经历的影响，易形成良好的学习习惯和学习态度，倾向于使用良好的教育方式对待子女，即较多地采用赞许、表扬的教育方式，这种以温情、引导、鼓励、探索为特点的民主性教育方式，有助于培养儿童的自信及其在同伴群体中的适当行为，并促进儿童形成高学业成就动机，取得优异成绩。大量研究揭示，具有较高文化程度的母亲有能力对子女的学习进行督促或适当的辅导，善于培养孩子正确的学习动机，树立适宜的期望值，因而易使孩子在学业成绩上获得好分数。

二、提高母亲素质是一项刻不容缓的"社会工程"

第一，我们应从现在起确立法定培训制度，在全社会尽快开展对母亲群体的系统培训工作，使已做母亲的女性达到最低限度的母亲素质标准，使已婚妇女在生育前就达到最低限度的母亲素质标准，逐渐形成在母亲素质方面持证方可生育的社会规范。

第二，开办家庭学校。请有关心理学工作者和专家学者开展系列讲座，使家长了解儿童心理、生理发展的特点。在有条件的情况下，可同时开展咨询活动，为家长现场答疑，从而更好地解决其实际问题和困难。

第三，母亲群体应自觉通过不断提高自身的文化知识水平和心理素质，来树立理性的教育观念。母亲只有正确地了解子女，并以正确的亲子观、发展观、教子观来充分认识和发挥自身对子女的教育威力，才能以最纯朴、真挚的态度，帮助和促进子女顺利实现其社会化的进程。

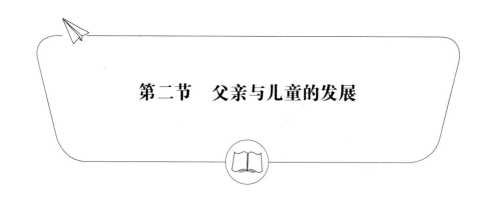

第二节　父亲与儿童的发展

研究表明，与母爱相比，父爱对孩子智力影响更大，常与父亲相处的孩子对外界刺激的敏感性、生活独立感、学习自信心方面占优势。而那些长期生活在女性群体中的儿童，其性格特点和心理状态很容易出现偏差，如易担惊受怕、烦躁不安、精神抑郁、多愁善感等，久而久之，男孩子的性格会变得女性化，缺乏应有的男子气。

那么，获得父爱对女孩会有什么影响呢？原苏联心理学家证实，由于父亲是力量的象征，勇敢、果断、豪爽、眼界开阔、事业心强，所以女孩子受了这些影响，会更严肃认真地对待生活和事业。父亲对孩子的影响，从孩子出生就已经开始，不管是在家里或是其他场合，婴幼儿和儿童都渴望得到父亲的爱抚。有资料表明，尽管父亲爱抚孩子的方式同母亲不一样，如喜欢抛起孩子、摇晃孩子的手脚等，但这种有力度而具风格的照料方法对孩子有一种特殊的吸引力。

另外，父爱的教育作用是一种强大的精神力量，能使孩子在潜移默化中树立群体意识，增强自信心和意志力。因此，父爱绝不是母爱所能代替的。

幼儿心理学家格塞尔曾指出："失去父爱是人类感情发展的一种缺陷和不平衡。"心理学家和社会学家所做的大量调查表明，没有父爱的家庭会严重影响孩子的身心健康，造成孩子性格心理的缺陷。所以，让孩子感受到父亲的存在，体会到父亲对自己的爱，能使孩子有一种心理寄托，获得安全感，正常健康地成长。儿童在成长过程中，既需要母爱，又需要父爱，那么，父亲怎样满足孩子对父爱的需求呢？

（1）要学会照料孩子。不管工作多么忙，下班回家也要先抱抱孩子，要协助妻子给孩子洗澡、换尿布，帮助孩子洗脸、刷牙、整理床铺、穿脱衣服。

（2）要随时注意接近孩子，多和孩子交谈，倾听他们的心声；一有机会便带领孩子到公园、郊外游玩。

（3）要做孩子的玩伴，这是与孩子交流的最好机会。父亲要多跟孩子一起游戏，使自己"归真返璞"，回到童年，让自己进入孩子的"玩伴"角色，认同和遵守孩子们的游戏规则，这样，能使孩子深深感到父爱的温暖。

（4）父亲不能因工作忙而厌烦孩子，更不能因工作不顺心而向孩子发脾气，应时刻把爱心献给孩子，让孩子精神宽松愉快。

研究表明，有自由选择游戏对象时，有三分之二以上的孩子会把父亲作为第一游戏伙伴。首先，父亲不仅是孩子最重要的游戏伙伴，也是儿童积极情感的满足者。父亲与孩子的游戏更多是与孩子玩兴奋、刺激、变化多样的游戏，而不像母亲那样更多地做一些传统、安静、缺少变化的游戏。

其次，父爱有助于儿童良好个性品质的形成。一般来说，父亲通常具有独立、自信、坚毅、勇敢、果断、坚强、敢于冒险、勇于克服困难、富有进取心、合作、热情、开朗、宽厚等个性特征。孩子在与父亲的不断交往中，一方面感受着父爱，并模仿、学习父亲的言谈举止；另一方面，父亲也会不自觉地要求孩子具有良好的个性特征，尤其是对男孩要求更为严格。

第三，正常的父爱，能促进儿童扮演好自己的性别角色。如果男孩缺乏父爱或与父亲交往过少，容易导致其"女性化"倾向。女孩通过对父母性格特征的识别，会强化自己的性别意识。

一项追踪研究发现，凡是与父亲交往机会多的儿童，其智力水平更高，尤其是男孩。因此，父亲不要轻易放弃自己应有的权利和义务，应多给孩子一些父爱。当然，对于单亲家庭来说，母亲应尽可能地让孩子多做一些

男性常做的活动。但最重要的还是要请家庭中的其他男子，如爷爷、叔叔、外公或舅舅等给孩子一些"父爱"，防止教育可能出现的片面性。

一、父亲影响孩子的人生指向

幼教专家经过大量研究后指出，父爱虽然有时显得"大大咧咧"，甚至会带给孩子一些磨炼和冒险，但提供了孩子个性成长所需的空间。另外，父亲会有步骤地启发和引导孩子，使孩子的思维更活跃、敏捷，因此，父亲的介入可以大大提高孩子的思维能力和创造能力，使得他们长大后更自信，对学习和工作也比较认真、负责和持之以恒。

幼儿时期是成长过程中的关键时期，发明了蒙台梭利教育法的意大利教育家就曾指出：孩子在三岁前吸收、获得的知识，相当于大人花六十年拼命苦学所获得的量的总和。在三岁以前，孩子的脑神经就已经完成了60%的配线工作，这个时候的孩子会以惊人的速度将看到的、听到的及接触到的事物一一吸收。因此，父母如果能够抓住这一时机在道德及智力上给孩子以正确的启发和引导，必然使孩子受益无穷。

二、缺乏父爱不利孩子的成长

研究指出，缺少父爱的孩子在性格方面会有一些明显的弱点，如胆小、过于内向、神经质、优柔寡断、自信心及责任心不足等。心理学家也指出，女孩子缺乏父爱容易数学不好，男孩子缺乏父爱则容易产生情感障碍。这些结论或结果固然不是绝对的，但父爱在孩子成长过程中所起的重要作用却不容忽视。然而，父亲对待子女的一个通病是在物质的给予上表现得极为慷慨大方，甚至到了浪费和纵容的地步，在精神和情感上却表现得极为贫乏，常常忽略了孩子的需要。

小朋友在一起玩耍时常常会说"我的爸爸是干什么的"或"我的爸爸是什么"，以此来炫耀自己的爸爸有多厉害，相信很多人也有过类似的经历。从社会学的角度而言，父亲是一个人身份的象征，在孩子的心目中和成长过程中有很重要的地位，孩子更多地因为父亲而感到骄傲。

三、父亲如何参与孩子的抚养

（1）人都需要被拥抱和抚摸，长时间缺乏拥抱，皮肤就会产生一种饥渴感，使人失去安全感，变得烦躁不安。婴儿虽然不会用语言来表达自己的需要，但会通过哭声来表示强烈的抗议。因此，父亲建立与孩子亲密关系的第一步，就是要常常拥抱和触摸孩子，和孩子保持身体上的接触，让孩子在爸爸结实而温暖的怀抱里找到安全感。

（2）爱要有所牺牲。父亲下班之后，要多陪孩子玩耍、讲故事或教孩子唱歌。另外，帮孩子洗澡、换尿布等，也可以增进亲子关系。周末外出的时候，尽量全家一起行动，用男性的独到眼光引导孩子初步认识外面的世界。

（3）西方有句箴言："一句话说得合宜，就如同金苹果在银网子里一样宝贵。"父亲在孩子的心目中占据举足轻重的地位，因此，父亲对待孩子的态度会对他们产生重要的影响。很多父亲受望子成龙心理的影响，很少表扬及鼓励孩子，总爱指责孩子这里做得不对，那里做得不好，以为这样就可以鞭策孩子做得更好，却不知这恰恰打消了孩子的积极性，抑制了孩子的创造力。

第八章
父母教育中的亲子沟通

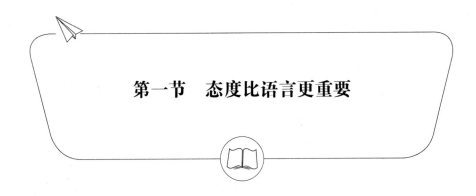

第一节　态度比语言更重要

一、父母与孩子沟通的艺术

父母是孩子的第一任老师，如何与子女进行有效的沟通很值得家长去研究。

（一）父母要有真情，善于欣赏自己的孩子

父母总希望自己的孩子出类拔萃，在各方面都比别人家的孩子强，这仅仅是父母的一种愿望。在现实生活中，这种愿望不是以人的意志为转移的。孩子在成长过程中遇到困难时，父母怎样对待自己的孩子？有些父母要么简单粗暴地指责孩子，要么就是棍棒教育，让孩子的情感处于一种压抑或困惑的状态。孩子不敢与父母交流，有话藏在心里，久而久之，他们的性格变得内向、孤僻，心理的不健康因素也随之积累。如果父母在孩子遇到困难或不顺时，把指责转换成欣赏孩子的某个方面，把棍棒改为用真情去引导，孩子的内心世界将会出现一片阳光。美国心理学家丝雷说："称赞对鼓励人类灵魂而言，就像阳光一样，没有它，我们就无法成长开花。"孩子的成长又何尝不是这样呢？我曾在与孩子沟通中说："隔壁家的孩子多好！"我的孩子不服气地说："她有什么好？"我听了此话，大为震惊，便顺势对孩子说："是啊！你不比别人差，可你要拿出自己的本领，让我佩服。"由此，我感到：自己的教育方法欠妥，教育孩子，为什么不从他的角度出发，去挖掘他的闪光点呢？如果我经常称赞孩子的点滴进步，欣赏他每一步的成长足迹，这对孩子会有大的促进作用。从那以后，我改变了与

孩子沟通的方式，开始以孩子为本，以孩子的发展为着眼点，在我的启发引导下，孩子良好的心理品质逐渐形成。

（二）平等对待孩子，尊重孩子的思想

孩子是家庭中的一员，父母要平等对待孩子，并尊重他们的思想。比如，家庭中的事情要让孩子知道，并征求孩子的意见，包括家庭中需要购买的物品；与孩子一起去购物，让孩子学会怎么节省钱财。这些虽是小事，却体现出父母尊重孩子。我认为，尊重孩子还必须在思想上体现出来。我们家经常会围绕一个电视剧或一场演唱会的节目内容展开讨论，我有意地让孩子发表意见或看法，然后我因势利导地启发孩子，点播他的思想火花。让孩子从小具有自己的思想观点，学会分析问题、解决问题的方法，从而懂得如何处事，这也是培养孩子情感的一种具体做法。

（三）用分数要求孩子，但不能扼制孩子情感世界的发展

学习对孩子是非常重要的，家长们也都很重视孩子的学习，希望孩子能取得好成绩，但是不能用分数来扼制孩子的发展，应当理性对待孩子的分数。

当孩子学习上取得高分时，父母要激励孩子不断向前，不能骄傲；当孩子没有取得好分数时，父母也不能训斥孩子，而应当帮助他们找出问题，克服困难。取得理想的学习成绩，当然是一件令人高兴的事，但这只是孩子成长中的一部分，并不代表孩子的全部，最重要的是让孩子在学习过程中培养远大的志向与坚强的意志品质。面对孩子在学习上遇到的一切情况，父母要尊重事实，化激励为动力，不断激发孩子努力进取，让孩子在学生时代经受住各种考验，使他们变得成熟起来，无论是学习，还是思想、情感都得到良好发展，这是时代的呼唤，也是家长的社会责任感的体现。因此，我们在日常生活中要艺术地与孩子沟通，让孩子沐浴在父母关爱的阳光下，成为社会有用之才。

二、理解尊重孩子

父母总希望子女无条件地服从自己，却不能无条件尊重子女。当然，这并不是要求家长去认同孩子的一切观点和行为，而是要求家长能够站在孩子的立场，用他们的眼睛去看，用他们的耳朵去听，用他们的头脑去想。

　　青春期的孩子更"看重"同龄朋友而"忽视"成年人。父母如果不能理解他们，孩子就会向外寻找理解他们的人，如果父母能理解他们，他们就会感到家庭的温暖、安全，就会愿意与父母沟通。各位家长应切记：对于青春期的孩子，只有先去理解，而后才能正确引导。没有理解，一切教育、引导都难有真正的效果。

　　家长与孩子之间需要理解，理解是爱心和尊重的具体体现。无论父母对子女，还是子女对父母，都不缺少爱心，但往往欠缺尊重。家长不妨从"理解"开始，一个戏剧性的变化就会出现：你与孩子的心理距离缩小了，与孩子的口角冲突减少了。

三、父母与孩子沟通的方法

（一）学会听孩子说

　　家长应多从孩子的角度去考虑问题，和孩子的思想保持一种同步，更重要的是，随着孩子的成长，家长要调整自己的步调，避免在和孩子探讨问题时，因角度不一致而发生不必要的冲突。

　　讲一个经典的小故事：在美国有一个大牌的节目主持人，他主持一档和孩子交流的话题节目，有一天，他问一个孩子："假设你正驾驶着一架飞机飞行，飞机上满载着乘客，但是飞机突然没油了，你怎么办？"孩子不假思索地说："我第一个跳伞。"

　　这时，台下的观众哄堂大笑，他们没想到，孩子居然想到自己逃命。等台下观众笑完了，主持人接着问："然后呢？"孩子说："赶紧去取煤油，然后去救他们。"这时候台下变得鸦雀无声了。所有的人都没有想到，在孩子单纯、幼稚的想法里，居然有这么善良而且博爱的心。

　　主持人可贵在哪里？可贵在能把孩子的话听完，正因为他把孩子的话听完了，才能真实地、完整地了解孩子的想法。所以说，倾听的根本是忘我。有时候，家长太把自己的想法放在心上，所以就很难听到孩子真实的声音。

　　还有一个孩子，在路边蹲着看蚂蚁，这时候有个成年人过来，问他："孩子你在做什么？"这个孩子说："我在听蚂蚁唱歌啊！"成年人非常奇

怪地问："蚂蚁怎么会唱歌呢？"孩子说："你又没有蹲下来，你怎么知道蚂蚁不会唱歌呢？"

现实生活中，大部分家长都很忙，根本没时间"蹲下来"跟孩子沟通，或者没机会把孩子的话听完。但是，家长还抱怨说"孩子不愿意理我"。其实，改变这种状况的前提就是做一个会听孩子说话的家长。

（二）沟通的前期准备

了解孩子的喜好，才能走近他，走近他，才能鼓励他，鼓励他，才能与他沟通，才能实现更好的亲子关系。

家长通常会把孩子的成长看作是一种状态，其实不然，孩子成长是一门科学。比如，家长们常常抱怨："我家孩子写字速度非常慢，做事总是慢吞吞的，说他还不听。"但究竟是什么原因呢？许多家长都不清楚。其实，孩子小时候，如果父母没有注意培养他的双手抓握能力，孩子手部的精细肌肉就不发达，做起动作来肯定要受到影响。

那么，如何做了解自己孩子的父母呢？

第一，要储备知识。家长要多听教育讲座，多看亲子方面的书籍，从多个方面涉猎知识，知识储备量越多，对孩子的吸引力越大。

某班级有一个孩子非常调皮，令每个老师都很头痛。后来，品德课换了个新老师，这个孩子觉得新鲜，上课表现得非常好，快下课的时候，老师表扬了这个孩子。然后，老师问他："你最希望得到的奖励是什么？"这个孩子说："打《魔兽》。"老师紧接着问："你喜欢用人族还是兽族。"孩子当时就惊呆了，因为他没有想到，他的回答非但没受到老师的指责，反而会引起老师的共鸣。

下课了，这个孩子又到办公室对新老师说："老师你真好。"这个孩子能说出这几个字，非常不容易。老师是从哪里知道《魔兽》的呢？是从自己孩子那里学到的。所以，从孩子身上学到知识，并用于孩子，能真正走进他的心里。

第二，要尊重孩子。现在的教育观念，最重要的一点就是尊重，因为没有尊重就没有爱，尊重是教育的基础，也是前提，而父母对孩子的尊重尤为重要。

比如，一个二年级的小男孩白天玩得太累，结果晚上睡觉后尿床了，第二天早晨他悄悄告诉了妈妈，结果妈妈在和老师交谈的时候，很随意地就把这件事情说了出去。孩子知道以后，非常生气，妈妈从来没有见过孩子发那么大的脾气。孩子发脾气是因为他感到自己没有被妈妈尊重。很多父母自认为对孩子非常了解，其实是片面的，而在粗浅的了解中，又往往忽略了最为重要的问题——尊重孩子。

比如，很多家长有翻看孩子日记、短信甚至 QQ 聊天记录的习惯。也许家长出发点是好的，希望更好地了解孩子的想法和困惑。其实不然，这种行为给家长和孩子之间造成了无形的屏障，孩子缺少了被尊重的感觉，而家长会成为被孩子鄙视的对象，矛盾就出现了。

（三）沟通的氛围

如果孩子生活在鼓励之中，他就学会了自信；如果孩子生活在忍耐之中，他就学会了耐心；如果孩子生活在表扬之中，他就学会了感激；如果孩子生活在接受之中，他就学会了爱；如果孩子生活在承认之中，他就有了一个目标。

父母对孩子教养的过程，也是父母成长的过程，所以，父母与孩子之间，需要建立一种相互信任、取长补短的家庭关系。很多家长认为家庭关系是父母对孩子的关系，其实，家庭关系应该是爸爸、妈妈还有孩子之间的关系。在现实生活中，许多父母因为教育孩子的意见不合，一方干脆不管孩子，这是非常错误的。

有一位家长总是抱怨孩子不听话，原因在于夫妻之间教育孩子的步调不一致。妈妈让孩子去练琴，孩子不想练，就去找爸爸，爸爸说："不想练就别练了！"妈妈坚持让孩子练，进而引发了很多家庭矛盾。家庭关系在孩子成长过程中是非常重要的，是一种成长关系，如果父母能把位置放低，和孩子共同成长，处理问题时就会多一份思考。

四、学会倾听

父母与子女之间的沟通非常重要，在沟通中，家长应当少说多听。比如，一位母亲有一天得了喉炎，嗓子哑了。儿子放学回来后说："妈妈，老师批评我了。"接着就诉说老师如何不对。当时，这位母亲特别想批评儿子："你错了，老师是对的。"可是因为嗓子哑，说不出话，只好看着儿子说。儿子说完了以后，突然说了一句："妈妈，我谢谢您。"她当时一愣，不知儿子是什么意思。儿子又说："谢谢您，今天听我说了这么多话。"第二天，儿子又对妈妈说："妈妈，您昨天虽然什么都没说，但是我已经明白了，我错怪了老师。"这就是倾听的力量，不需要你去评论，孩子在说的过程中就已经醒悟了。

人与人之间需要沟通，但是沟通不仅需要用嘴去说，更需要用耳、用心去听。可以说，倾听有时候是最好的沟通。

家长总是希望孩子听自己的，却很少主动去听孩子的。我们不妨从今天开始，克制一下自己，改变一下自己，尽量少说多听，与孩子的关系、与配偶的关系、与老人的关系都会逐步改变。

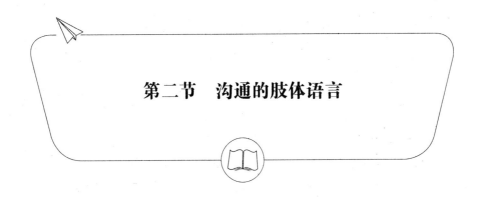

第二节　沟通的肢体语言

一、学会拥抱，学会耳语

1999 年第 5 期《父母必读》中有一篇文章，题目是《你拥抱过吗，耳语过吗？》，文章说：在拥抱中，人可以得到安全感和信任感，是一种全身心的休息，焦躁的情绪可由此缓解或平息。人在情绪平静、心理稳定时是最理智的。

耳语要比正常音量的表达更令人信服，更容易打动人，因为仅就耳语的姿态而言，就已经表明两人之间的特殊亲密关系了。

父子之间、母女之间都要多沟通，家长要多计划、多创造机会，慢慢地，孩子和家长都会习惯这种方式，越习惯也就越自然，感情也就越深。

中国人表达感情的方式是比较含蓄的，我们不善于说出来或做出来，明明爱孩子却很少对孩子说："孩子，我们爱你。"如果你实在不愿接受拥抱这种方式，其他如握手、头顶头、搂肩膀、拍拍头或后背等方式也都可以采用。总之，家长在这方面应该积极主动。

父母应该经常用语言、动作、表情和姿态让孩子体会到父母的爱。特别是在孩子遇到困难和挫折的时候，把你的手放在孩子肩上，注视着他的眼睛，对他说："不管发生什么，你对我们来说都是最重要的，我知道你能行！"

二、与孩子沟通，肢体语言更有效

1. 父母所说的话

父母的语调——大声或者小声，严苛或者低吟；

父母的手势、动作；

父母的面部表情。

在与父母沟通的过程中，小孩需要观察、聆听，然后再对父母的信息进行反馈。此外，孩子在这个过程会慢慢判断，自己应该什么时候接话。

2. 肢体语言

肢体语言有时比说话更有作用，家长应该在镜子前留意一下自己的日常表情，看看自己的情绪是怎样"写"在脸上的。和孩子说话的时候，保持微笑，能让小朋友比较容易接受你所要表达的信息。

3. 试验一下

找一个朋友，半蹲跟他谈话，当谈话的另一方有"君临天下"的气势的时候，你就会觉得很不自在。其实，这和小孩与大人对话的感觉是一致的。所以，家长跟孩子沟通的时候，应该蹲下来，尽量保持高度一致，这样，孩子就不会感到很大的压力。

4. 关心

孩子能从父母的动作中了解他们是否真的在意自己。虽然每个家长都很关心孩子，但是，随着慢慢长大，家长关心的方式应该随之发生变化。

比如，当孩子5岁的时候，很喜欢爸妈拥抱或者是逗玩。当父母拍打他们肩膀，或者为他们竖起大拇指的时候，他们都会为之感到高兴。当孩子上学的时候，父母在后面微笑着跟他挥手告别，能让他感到爸爸妈妈很在乎自己。

5. 沟通的方式

缩小距离——谈话的时候和孩子的距离应该在一臂之内，如果距离太远，孩子可能不能完全接收到父母的信息。

叫孩子的名字——这样才能先引起孩子的注意力，让他清楚你要谈话的对象是他。例如，如果要叫小朋友过来，应该是"汤姆，过来一下"，而不是"过来一下，汤姆"。

指令应该用积极的表达方式。例如，当你要让孩子收拾东西的时候，应该说"把东西整理一下吧"而不是"不要把东西弄乱"。

指令要直接、清楚、明白。

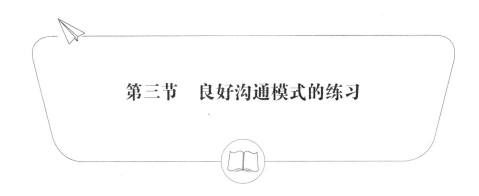

第三节　良好沟通模式的练习

一、与孩子沟通需要注意的问题

（一）创造良好的家庭氛围，父母要相爱

有的父母忙于工作，只是把家庭当作休息和睡觉的地方；有的父母在家中说一些消极负性情绪的话，在一定程度上造成孩子在家常常感觉不到快乐，出现消极抑郁情绪。此外，父母之间感情冷淡甚至出现争吵等不良家庭氛围都会给孩子的情绪带来不良影响。

（二）父母要关心自己

有的父母有抑郁、焦虑的情绪，在和孩子沟通的过程中，无法理解孩子的思想进而造成父母与孩子之间的沟通不畅。父母快乐开朗，才能用更宽容的心去理解孩子，所以，父母要经常检查自己的情绪。

（三）父母要学会了解孩子

针对不同个性的孩子，父母要采取不同的沟通方式，要注意花时间倾听孩子说话，花时间陪孩子做一些有益的事情。

（四）父母要多了解自己的个性特点

父母的某种个性弱点会影响与孩子沟通，因此，父母一定要注意自己的个性局限，以便能够顺畅地和孩子沟通。

（五）尊重孩子，并给予孩子较大的发展空间

如果孩子已经出现情绪障碍，且父母经过努力仍然无法与之沟通，可

带孩子到医院的心理门诊咨询，如果发现是焦虑症或抑郁症，要进行相关的治疗。

二、把自己的真实感情告诉孩子

在与孩子交流的过程中，父母应准确地向孩子传达出自己的想法、愿望，使孩子能够感觉到父母"批评""教育"中所包含的关爱和善意，这可以减少或避免因父母"言辞不妥"而引发孩子的抵触情绪。

日常生活中，父母原本出于"爱和善意"的管教常常被种种不当的方式所遮掩。比如，当父母对着孩子愤怒责骂的时候，父母的"爱心"往往被湮没在"粗暴的管教行为"之中。尽管许多父母在责骂孩子的同时声称"我是为你好"，但孩子听到的却是如雷贯耳的斥骂声，很难感受到父母的"爱心和善意"。父母往往因为自己的出发点完全是"为了孩子好"而一意孤行，甚至根本没有想过孩子怎么看父母。国内外研究表明：父母过于严厉、缺乏温情的养育方式与过分保护、过分干涉一样，都不利于孩子的健康成长。

家长不应该用"打骂和训斥"把自己的"爱心和善意"伪装、包裹起来，而应该直接、准确地把自己的感觉、想法表达出来，这样效果会更好。

家长批评教育孩子，是对孩子的深切关爱，也是家长应该履行的职责、义务，但家长在批评教育孩子时要注意以下几个方面。

（一）避免夸大事实

不要用"你总是""你肯定""你从来"这样的句式，平心而论，父母的本意并非认为自己的孩子真的"总是如此""肯定如此""从来如此"，所以，应避免使用夸大事实的话语来评价孩子。

（二）避免笼统模糊

如果父母对孩子的某种行为不满，要避免笼统地指责，而应该具体地说"你这个行为……""你这件事……"因为父母真正不满意的是孩子的某个行为，而不是他。

（三）善于认错

家长也有出错的时候，但向孩子认错时不要说"好了，好了，都是我的错！""反正你总是对的，我都是错的！"准确的表达应该是"也许你是

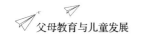

对的。""也许是我错了。"

总之，当家长对孩子的行为不满时，要避免指责，应对他说出自己真实的感觉。

练习：如果你对孩子过多看电视的行为不满意，该怎样告诉他？

A.整天就知道看电视！你看隔壁的×××；你有哪一样及得上他？不争气的孩子，以后工作都要找不到了，你去扫大街吧！（这样说，实际上只是发泄了自己的焦虑情绪，并且让孩子觉得自己在父母眼里是个"坏孩子"，因而他会更不思进取。）

B.明天开始，每天只能看一个小时的电视！（这样凭一时冲动做出的决定，并没有考虑它的可行性。）

C.我们为你的视力担心！如果你不能控制自己，我们将协助你控制。因为我们是父母，我们要对你负责。

怎样才是平等的交流方式呢？家长其实应该多学习，真诚地倾听孩子的心声，尝试站在孩子的立场去思考他们的真正需求，这样，可以帮助家长和孩子之间逐渐建立起平等交流的平台。

（1）避免使用绝对性关键词，如"你应该、你必须、你一定"，当孩子听到这些"绝对性词语"的时候，会感觉家长在指责自己，所以，家长应避免使用绝对性的词语与孩子沟通。

（2）不要以偏概全。家长在批评孩子的时候要就事论事，不要使用"你总是""从来""一向"的词语，因为这些词语否定了孩子所做的努力，很容易打击他们的自信心。

（3）不能无信用。父母要求孩子讲信用，但是对自己已经做过的承诺却迟迟不能兑现，而且还觉得没什么大不了的，这就让孩子觉得父母欺骗了自己，甚至会很失望，觉得父母与自己不平等。

（4）给孩子三个以上的选择。往往非此即彼的两项选择等于没法选择，因为都不是孩子想要的，如果家长给了三个选择，孩子就必须选择，而且只能在家长限定的三个答案中挑选，而不会执着于自己的想法，这样就避免了家长与孩子之间的矛盾。

第九章
父母教育中的智育培养——培养孩子的非智力因素

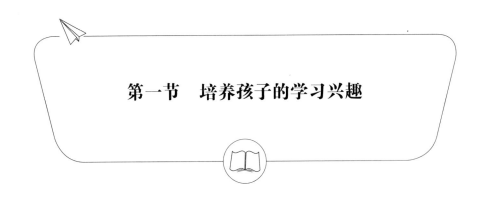

第一节 培养孩子的学习兴趣

一、非智力因素对孩子智力发展的意义

家庭教育中对子女的智育内容主要包括发展子女的智力因素和非智力因素两个方面。智力因素是指直接参与认识过程的心理因素，即注意力、观察力、记忆力、想象力和思维能力。非智力因素是指不直接参与认识过程，但又与智力发展密切相关的心理因素，主要指动机、兴趣、情感、意志、性格、自我意识等方面的个性心理品质。

智力因素在很大程度上由先天遗传决定，智力的培养只能激发智力的潜能，而非智力因素主要是后天习得的，完全可以通过教育培养来改善提高。优良的非智力因素大致包括勤奋好学的精神、坚韧不拔的意志、顽强的毅力、浓厚的学习兴趣、正确的学习方法、良好的学习习惯、健康的身心素质以及良好的个性等，这些都是成才的决定性因素。非智力因素对孩子学习的作用体现在以下几个方面。

（一）动力作用

非智力因素包括情感、意志、需要、态度、目标、抱负等。积极的非智力因素能使孩子提高学习积极性、端正学习态度、增加求知欲、集中注意力、增强自制力，有助于孩子学习成绩和智力水平的提高。

（二）定向作用

非智力因素把孩子的认识和行为统一起来，集中于学习活动，用于记忆、想象和思维，用于所观察的事物与所学习的内容上。有些孩子学习成绩不好，不是智力不如人，而是学习积极性不高、自控力差、学习精力不集中所致。

（三）巩固作用

学习活动不仅要具有吸引力和趣味性，更重要的是能培养孩子的坚韧性和克服困难的精神，使他们保持勤奋向上和刻苦学习的积极性，这样才能使他们持续进步。反之，如果娇气、任性、懒散的消极因素起主要作用，容易导致孩子情绪忽冷忽热，缺乏克服困难的精神，就不能激发他们学习的积极性。

（四）弥补作用

非智力因素可以弥补智力的不足，所谓笨鸟先飞、勤能补拙，就是这个道理。非智力因素对孩子的成长意义重大，家庭教育中可以通过以下几个方面对孩子进行非智力因素的培养，进而发挥它的弥补作用。

1.注重营造家庭氛围

家庭应营造知识氛围，促进孩子的求知欲和创新动机；家庭应营造和谐氛围，这样可以使家庭各成员和睦相处，让孩子在融洽、轻松的环境中学会关心他人、尊重他人、理解他人，而且在这样的家庭氛围中，孩子也会情绪稳定、乐观热情、学习效率高、心理健康愉快；家庭应营造出民主氛围，父母在孩子所做的事情中寻找值得赞许之处，认真对待孩子的个人要求。

2.加强亲子沟通与正确指导

家长应当采取孩子容易接受的方式去理解孩子、相信孩子，做孩子的知心朋友。家长要有时代感，不断更新观念，加强学习，更好地了解孩子的所思、所想、所求。在孩子成长的过程中，家长要不断指引他们，与孩子共同成长。

3.善用情境教育

例如，带着孩子去爬山，鼓励孩子坚持不懈，让孩子在领略自然情趣的同时，体验无限风光在险峰的道理，当孩子陶醉于自然美景时，告诉孩子如果不注意环保，地球将会变得荒芜等。

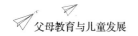

4.寓教于乐

家长要开展丰富多彩的活动，如带孩子参加公益活动、小伙伴聚会、旅游等，既能让孩子开阔眼界，又能培养孩子独立、吃苦、耐劳的心态，磨炼他们的意志。

二、父母可以培养孩子的学习兴趣

兴趣是影响学习效率的一个重要因素，孩子只有对学习产生了深厚的兴趣，才会对学习表现出高度的自觉性、积极性和持久性。

家庭教育对知识的讲授不需要系统而完整，而应抓住孩子的学习兴趣，给予适当的指导，提供给孩子尽量多的学习资源。家长不根据孩子的学习能力，教授给他们不感兴趣或远高于孩子学习能力的知识，会让孩子产生厌学心理。良好的家庭教育应当是家长在向孩子传输知识的同时，让孩子逐步掌握获取、发现知识的方法。

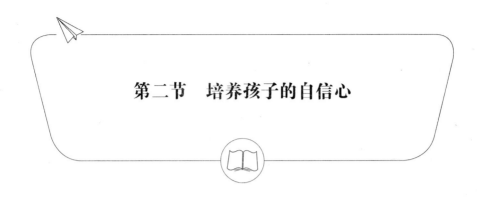

第二节 培养孩子的自信心

一、为何要培养孩子的自信心

（一）拥有自信心让人事半功倍

自信心是一种心态，是一个人对自身能力的认识和充分估计，是一种良好的心理品质，也是一个人克服困难、自强不息、取得成功的内在动力。一位哲人曾经说过："谁拥有了自信谁就成功了一半。"

（二）培养孩子自信心要从小着手

幼儿期是个性品质可塑性较强的时期，从小培养孩子相信自己的心理品质，无论对个体的身心健康发展，还是提高群体素质都有不可低估的作用。然而，目前大多数家长只重视培养孩子的智力素质，却忽略了他们心理素质的培养，使许多孩子表现得胆小、懦弱、缺乏自信心。因此，培养孩子的自信心，使他们充满自信地走向未来，成为新时期高素质的人是家长肩负的重任。

二、培养孩子自信心的方法

良好的自信心是孩子能够顺利完成活动，克服困难，取得胜利的有力保障。从小培养孩子的自信心，能为他将来参加学习、工作、生活等社会活动打下坚实的基础，所以，家长应该把培养孩子自信心放在重要位置。

（一）挖掘孩子的优点，建立自信心

如果家长对孩子有积极的评价，孩子的自信心就会得到增强；如果家

长对孩子失去信心，孩子自信心的支柱就会被摧毁。每个孩子都有自己的特性，家长应多观察孩子，发现他们身上的闪光点，在孩子表现好的时候多表扬、多鼓励，让孩子在不断得到家长的肯定后，树立自信。

（二）给孩子锻炼的机会，培养自信心

其实孩子的成长速度是惊人的，每一分钟都会有变化，家长过多地干涉孩子的生活，久而久之，就会使孩子的各种能力变弱。因此，家长应多为孩子提供锻炼的机会，如在日常生活中鼓励孩子做力所能及的事，包括帮父母买东西、做家务等，父母应对孩子进行适当的指导及鼓励，帮助孩子完成目标，这也是培养孩子自信心的好方法之一。

（三）让孩子获得成功的体验，增强自信心

那些能力较强的孩子，常能获得成功的积极体验，很少产生过分沮丧和自卑；而那些能力平平的孩子，成功的体验较少，自信心容易受伤。所以，家长要注意为孩子创造能够充分表现自己和体验成功的机会，如家长在家和孩子做动手动脑游戏时，可先从简单的开始，让孩子先体验成功，树立信心。但家长在帮助孩子获得成功体验的同时，要逐步提高要求，由浅入深、由易到难，使孩子不断提高能力，获得更大的成功，从而增强自信心。

（四）教会孩子面对挫折，树立自信心

孩子遇到挫折时，如果家长处理不好，就会伤害孩子的自信心，时间长了，就会使孩子丧失信心。家长应让孩子了解失败和挫折是不可避免的，失败是过程，成功是结果。家长应鼓励孩子勇于面对失败，久而久之，孩子就会养成乐于尝试、勇于克服困难、敢于面对挫折的良好心理品质，并树立良好的自信心。

（五）要善于激励孩子

人都有虚荣心，孩子更是如此。每当孩子取得一点点进步，家长要看到并及时表扬，让孩子知道父母在注意他、观察他。比如，孩子获得了两个荣誉证书，我跟他说："你真行啊，妈妈当了十几年老师，才得四五个证书，按照你的进度，到了妈妈的岁数，证书还不用火车拉呀！"这既让孩子了解成功的获得只有通过自己的努力去争取，又激励了他去更加勤奋地学习，争取更多的荣誉。

（六）要当好学校的助手，培养孩子"我能行"的信心

学校倡导自信教育，运用一种崭新的教育方法从各个角度培养孩子的自信。但是，培养孩子的自信心完全依赖学校是远远不够的，父母要积极地配合学校，当好学校的助手，才有利于孩子自信心的树立和增强。

（七）创造学习型家庭环境

古人云："近朱者赤，近墨者黑。"良好的家庭环境对促进孩子成长能起到事半功倍的作用。在孩子学习的过程中，家长应有意识地读书看报，和孩子一同学习，在为掌握知识而学，让孩子始终处在一个读书、学习的氛围中，养成爱读书、勤读书的习惯。如果家长在孩子学习的时候打麻将、玩扑克、看电影或大声喧哗，势必会对孩子的学习产生负面影响。

自信心是孩子成长道路上的基石，是学习过程中的润滑剂，是生活中的不可或缺的勇气。因此，家长应注重培养孩子的自信心，让孩子健康地成长。

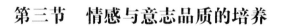

第三节　情感与意志品质的培养

一、帮助孩子调控情感

（一）帮助孩子培养积极情感

法国作家巴尔扎克说："世界上的事情永远不是绝对的，结果完全因人而异，困难对于天才是一块垫脚石，对能干的人是一笔财富，对弱者却是万丈深渊。"生活能力强的人对待苦难能以乐观的态度坦然处之，能以自己坚定的信心和充沛的精力战胜困难；生活适应能力差的人不是哀叹自己命苦，就是心灰意冷，一蹶不振。培养孩子积极的情感，要注重提高他们的生活适应能力。

1.提高生活适应能力，要教孩子接受生活现实

孩子的理性辨别能力虽然不强，但他们的感受力强，家长应该利用孩子的这一特点，让他们多看、多感受生活中美好的一面，以此培养孩子乐观向上的性格。面对失意的现实，聪明的办法是承认它、接受它，再想办法对付它、解决它。

2.提高生活适应能力，要教孩子正确估价自己

在教育过程中，有两种倾向的孩子需要引起家长注意。一种孩子对学习信心不足，对成功不抱希望，自暴自弃，忧惧羞愧。这类孩子多是有较长时间的失败经历，家长应帮助他们在原有的基础上取得一些成绩，让他们体验到成功与满足，引导他们把愉快的情感和努力联系起来，促使他们继续努力并获得成功。另一种孩子表现为盲目自信，自我评价过高，即使

在学习中遇到多次失败，仍固执己见，抱怨委屈，不承认实际成绩与理想目标之间差距过大。家长要诱导此类孩子客观地分析自己，在正确认识自己的基础上提出切实可行的目标。

3.提高生活适应能力，要孩子客观要求他人

有的孩子对他人期望过高，当他人表现出较多弱点或缺点时，就会感到苦恼和失望，就会挑剔和指责别人，这会影响孩子与他人的顺利交往。家长应教孩子学会和善于包容他人的不足。如果看到别人有缺点就不理睬人家，只会让自己变成孤家寡人。对于别人的缺点，可以采取恰当的、易为别人接受的方式，使对方察觉到他存在的缺点，并自觉克服它。这样才可以与周围的人融洽相处，并建立起良好的人际关系。

（二）帮助孩子调节、控制消极情感

有时候孩子受到家长的批评，只是口头认错但没有从思想上认识到自己的错误。孩子只是害怕家长的权威，害怕表达出不满招致更严厉的批评，于是表面上"虚心接受"，内心却认为家长专制蛮横，不讲道理。

有时候孩子受到家长的批评，虽然心里有点不痛快，但感到这是家长对自己的爱护，所以既不埋怨，也不悲观。

第一种情况孩子的表现属于情感压抑，它常常是许多心理疾病产生的原因，因此必须要避免发生。第二种情况孩子的表现属于情感调控，能让不良的情感有宣泄、消除的渠道和方法。当孩子出现消极情感时，不妨让他们试试下面的方法。

1.理智调控

首先承认消极情感的存在，接着分析为什么会苦恼、忧愁或愤怒，接下来三思而后行，考虑不同表达方式可能造成的后果，换位思考，辩证思维，从不同角度看待和分析问题。如果孩子与同伴出现问题，让孩子站在对方的立场上想一想，也许孩子就可以心平气和了。

2.遗忘调控

有的孩子在消极情感产生后，耿耿于怀，致使消极情绪日益加重。家长应该帮助孩子认识到事情如果已经发生，并且无法挽回时，就应当果断地从中跳出来。为避免"触景伤情"，也可带孩子离开事发地，或者把能

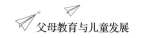

唤起记忆的物品收起来，以缓解消极情绪的困扰。

3. 转移调控

有时候单靠消极的遗忘并不能真正解决问题，更有效的调控是进行积极的转移。家长可以有意识地通过转移话题或做别的事情来让孩子分散注意力。

4. 宣泄调控

情感宣泄分直接和间接两种方式。直接宣泄是直接对引发消极情感的源头表达情感，如果直接宣泄会引发不良后果，可以用间接宣泄为情感找到出口，如向同伴、亲人倾诉，接受他们的劝慰和帮助。

5. 暗示调控

当孩子被消极情感困扰时，可以通过言语的暗示作用，使消极情感得到缓解。比如，孩子要发怒时，让他们反复用言语暗示自己"不要发怒，发怒有害无益"；陷入忧愁时，反复用言语暗示自己"忧愁于事无补，还是振作起来面对现实吧"。

6. 音乐调控

音乐可以调节人的情绪，对情感忧郁、沮丧、精神萎靡的人，建议选用情调欢乐、节奏明快、旋律流畅且音色优美的乐曲，如《金蛇狂舞》《喜洋洋》等。对情绪不安、焦虑烦闷的人，建议选用音调悠扬、节奏徐缓、旋律清逸、风格娟秀的乐曲。

二、培养孩子坚强的意志品质

培养坚强的意志品质，可以从意志的果断性、坚持性、自制力、自觉性四个方面入手。

（一）培养意志的果断性，克服优柔寡断和冒失

优柔寡断的主要原因是缺少自信心，缺少处理事物的经验。改变这种情况，家长要教孩子做生活中的有心人，平时注意借鉴别人的成功经验，学习众家之长；教孩子做事之前制订实施计划，论证计划的可行性；教孩子在事情实施过程中不断进行总结，同时提醒孩子不要患得患失。经过这样的经验累积，孩子优柔寡断的做事态度会得到改善，做事会变得果断自

信，对各种事情能迅速做出反应。

（二）培养意志的坚韧性，克服动摇性和刚愎执拗

面对前进路上的困难，具有坚韧性的孩子能够满怀信心迎接困难，直到实现目标；对于缺乏耐心和意志力较差的孩子，家长要陪同孩子坚持下去，一段时间后，孩子的坚韧性会大大增强；对于刚愎执拗的孩子，家长要帮助其认清方向，多让他们看到刚愎执拗的不良后果，提醒他们纠正自己的行为。

（三）培养意志的自制力，克服冲动和意气用事

有些孩子易冲动和意气用事，对自己行为失去控制，在困难面前产生厌倦、畏惧等心理。面对这种情况，可以试试下面的方法，帮助孩子提高自制力。

1. 教孩子预测后果

如果上学路上被人不小心踩了一脚，选择宽容他人，孩子能继续去上学。如果选择大打出手，不但身体受伤，还会影响上学，被老师批评，其影响远远超出踩一脚带来的疼痛。

2. 进行奖励

为孩子准备大小两份礼物，小礼物马上可以得到，大礼物需要一段时间后才能得到。让孩子在二者之间自由选择，但要为自己的选择负责。

3. 行为设定

如果孩子做事磨蹭，缺乏对时间的掌控能力，可以预先为他们设定完成任务的时间，并在醒目位置进行提醒。当时间到了，孩子的行动必须停止，要为自己的行为承担后果。

4. 自我惩罚

在做出某种冲动行为后给自己相应的惩罚。比如，贪吃的孩子在暴饮暴食后必须坚持体育锻炼等。

（四）培养意志的自觉性，克服独断和盲从

具有自觉性品质的人能够审时度势、独立判断，在深刻认识行动目的的基础上，独立地采取决定和执行决定，而不是人云亦云。意志坚强的人为了达到某一目标，不需要别人的督促和强迫，能够自觉地、主动地实现

这一目标。意志的自觉性是产生坚强意志的源泉，孩子自觉性的培养应从小事抓起，要通过榜样示范进行教育。

父母在教育孩子时要循循善诱，要以理服人，千万不要强行压服，否则，即使孩子勉强去做了父母指定的事，但由于并未"心服口服"，他就不会有明确的方向、目的，更谈不上有自觉性了。

第四节 性格教育

播下一颗心态的种子，你就会收获一种行为；播下一颗行为的种子，你就会收获一种习惯；播下一颗习惯的种子，你就会收获一种个性；播下一颗个性的种子，你就会收获一种命运。

良好的性格特点，如勤奋、认真、耐心、谦虚、勇于进取、互助、自信等有利于智力的发展，而不良的性格特点如懒惰、敷衍、草率、骄傲、畏难而退、自私、嫉妒、自卑等对智力的发展有阻碍作用。家长应充分了解孩子的个性特征，扬长避短，让孩子形成良好的个性。

下面列举孩子中常见的性格缺陷的表现、成因和矫正方法。

一、怯懦

怯懦表现为胆小怕事、遇事退缩、易屈从他人、逆来顺受，害怕困难，感情脆弱、经不住挫折和失败。例如，害怕爸爸，一看到爸爸责备的目光就吓得呆若木鸡，影响正常思维。

怯懦的产生同家庭溺爱、袒护、娇惯有关，与缺乏意志力锻炼有关。性格内向、感情脆弱的孩子如果得不到适当的锻炼和引导，容易形成怯懦的性格。矫正方法主要有以下几种。

（1）气势激励。要求孩子学会自我鼓励、自我暗示等方法，培养自己无所畏惧的气势。

（2）勇于行动。矫正怯懦性格最有效的方法是采取行动。采取行动后才可以感受到成功带给自己的愉悦，进而增强自信心。

（3）不怕失败。父母要多给孩子强调重点在于做事的过程，而不是完全看最后的结果。越是感到怯懦的事越要大胆去做，只要孩子能大胆去做，就能逐渐改变怯懦的个性。

二、自卑

自卑表现为对个人能力和品质做出偏低的评价，情绪表现为害羞、不安、内疚、忧伤、失望等。自卑感强的孩子处处感到不如别人、无所作为、悲观失望，甚至对可以完成的任务也轻易放弃。

自卑产生的原因较复杂，既有个人生理、心理方面的原因，也有家庭、学校和社会因素的影响。例如，家长经常批评或训斥孩子，或者对孩子提出过高的要求而挫伤孩子的自尊心与自信心，使他们形成自卑心理；老师只关注学习成绩好的学生，无意中会造成学习较差学生形成自卑心理；社会舆论对个体差异的评头论足，歧视观念的传播，也是导致部分孩子自卑的原因。

矫正方法包括以下几点。

（1）教导孩子正确评价自己，不拿自己的短处与别人的长处相比。

（2）教导孩子不放弃争取成功的机会。

（3）教导孩子正确地补偿自己，知道自己的缺陷，并以最大的决心和最顽强的毅力去克服这些缺陷，取长补短。

三、狭隘

狭隘的人受到一点委屈或碰到一点损失便斤斤计较、耿耿于怀。这类人又易受外界暗示，特别是与自己有关的暗示，从而引起内部心理冲突。有狭隘性格的孩子感情脆弱、意志薄弱、办事刻板、谨小慎微，有时甚至发展到吝啬、自我封闭的程度，严重者会患上忧郁症或消化系统的疾病。

狭隘性格产生的原因多受后天环境影响，例如，父母心胸狭窄、办事刻板、不肯吃一点亏，其行为对孩子产生了潜移默化的影响。

矫正狭隘性格的具体做法有以下几种。

（1）宽以待人。只要不是原则性的问题，不影响大局，就不必斤斤计较。

（2）充实知识。读书使人明智。知识会提高人看问题的全面性，使人的眼界更开阔，因此，家长要多指导孩子读一些人际交往方面的书籍，指导他们建立和谐的人际交往关系。

四、嫉妒

嫉妒是因为看见别人某些方面高于自己而产生的一种羡慕。嫉妒者往往不择手段地采用种种方法打击所嫉妒的对象，对学习、工作、集体、他人都会造成有害的影响，对嫉妒者本人的身心健康也会产生不良影响。

嫉妒心理产生的原因有知识浅薄、眼界狭小、虚荣心强、心胸狭隘；家长和老师错误的教育观点，如把学生的分数进行比较，让学生感到其他同学对自己是一种威胁。

矫正孩子嫉妒心理的方法有以下几种。

（1）避免让孩子以自我为中心，不把别人的成绩看成自己奋斗的目标。

（2）要让孩子知道，一个人不可能事事超越别人。

（3）换位思考，为对方着想。

（4）充实生活，通过加倍的努力来缩小与他人的差距。

五、敌对

敌对是孩子遭受挫折或表达强烈不满时表现出来的一种反抗态度。有敌对倾向的孩子，往往把家长、老师、同伴的批评和帮助看作是与自己过不去，认为周围的人都在轻视自己、伤害自己，因此极为不满，轻则置若罔闻，重则报复破坏。

孩子形成这种性格的原因，一是家庭教育方式不当，家长一贯打骂孩子，使孩子由屈从暴力变为信奉暴力。二是家长不懂孩子的心理特点，不理解孩子的需要，处理问题方式不当，加剧矛盾冲突。三是少年时期的孩子看问题有些偏激，认为与家长和老师对着干表明自己坚强勇敢和不屈不挠，是一种英雄行为。

矫正孩子敌对倾向的方法有以下几种。

（1）通情。有敌对倾向的孩子其实急切希望得到别人的尊重，得到家长、老师的关怀和帮助。因此，家长、老师要真诚地爱护、尊重他们，无微不至地关怀、帮助他们，消除他们的对立情绪，逐步与孩子建立一种亲切、友爱、信赖的良好关系。

（2）达理。在建立信赖关系后，家长和老师要趁热打铁，耐心地帮助孩子分清是非，改变他们的错误看法并帮其树立正确的观念。

（3）行为。家长要善于发现和支持孩子的正确行为，维护他们的自尊心，并在家庭和周围环境中创造信任和欢迎他们的气氛，帮助他们把良好的行为坚持下去。

六、暴躁

暴躁主要表现为易激怒，听到一句不顺耳的话就火冒三丈，甚至与人唇枪舌剑，拳脚相加。

暴躁产生原因与遗传有一定联系，研究表明，人体内甲肾上腺素含量较高的人，脾气往往比较暴躁。但是其最根本的原因是个人修养不够，缺乏自我克制能力。

矫正孩子脾气暴躁的方法有以下几种。

（1）认清危害。家长要告诉孩子，一个不尊重别人的人，自然也得不到别人的尊重，还要告诉孩子发脾气并不能解决问题。

（2）学会容人。家长应教育孩子要待人宽，责己严，不要动不动就指责和怪罪别人。

（3）学会自制。改变暴躁性格，需要有坚强的自制力，感到自己要发火，可以默念"不要发火"；可以离开现场去做别的事情；可以找人谈心、散步，让自己冷静下来。

七、孤僻

孤僻表现为不愿与他人接触，对周围的人常有厌烦、鄙视或戒备心理，猜疑心重，办事喜欢独来独往，人际关系不良，易陷入孤独、寂寞、抑郁之中。

孩子暴躁性格产生的原因有可能与幼年创伤经验有关，如在不健全的家庭中长大或家教过严；可能是身染疾病或有残疾，时常受到不公正的待遇，甚至遭人嘲笑、欺侮；可能是人际交往中遇到挫折，感到心灰意冷等。

矫正孩子暴躁性格的方法有以下几种。

（1）主动与人交往。可以让孩子从最简单的主动与他人打招呼做起，做到每天可与家人或同学愉快地聊天。

（2）多参加活动。让孩子多参加各种文娱、体育、社交活动。

（3）让孩子选择几个良师益友深交下去，并珍重朋友间的友谊。

（4）主动关心别人。教育孩子要体贴他人，善于在别人需要帮助时主动给予帮助。

八、猜疑

猜疑表现为极度神经过敏，例如，看到别人背着自己讲话，就疑心别人在说自己的坏话；别人对自己态度冷淡一点，就怀疑别人对自己有了看法等。

猜疑心的产生是一种消极的自我心理暗示，让孩子往往会主观上假定某一看法，然后把许多毫无联系的现象通过所谓的"合理想象"拉扯到一起，来证明自己看法的正确，甚至能无中生有地制造出一些现象来达到自己的目的。

矫正孩子猜疑心重的方法有以下几种。

（1）保持头脑冷静，避免消极的自我暗示。让孩子做到这一点，除了要他们注意在观察时去掉先入为主的心理定式，还可请一些信得过的人帮助他们分析事实。

（2）注意调查研究。"耳听为虚，眼见为实"，况且有时眼见未必为实。

（3）及时开诚布公，与被猜疑者进行沟通。

（4）坚持宽以待人，不要苛求他人。

九、抑郁

抑郁表现为少言寡语、孤独沉默、郁郁寡欢、闷闷不乐，对一切事物

缺乏兴趣，对未来失去信心，遇事总往坏处想，认为自己是不幸的人和被遗弃的人，严重者甚至会萌发轻生念头。

孩子形成抑郁心理的原因有在家中受到歧视和虐待，在学校里受到不公正的待遇，严重挫伤了自尊心；在不健全的家庭中长大，形成了过于敏感、多愁善感等性格特点；生活过于单调、思想闭塞，缺乏与人交往的机会，情绪长期受到压抑；由于家庭中发生了重大不幸，学习又力不从心，心理负担过重等。

帮助孩子矫正抑郁心理的方法有以下几种。

（1）家长要让孩子懂得万事如意只是一种良好的祝愿，"山穷水尽"后往往会"柳暗花明"。

（2）家长和老师共同配合，为孩子创造一个愉快的生活环境，尽量安排他们参加集体活动，用真诚和关爱让他们感受到温暖。

（3）家长要帮助孩子学会正确使用某些心理防御机制，如寻找引起忧愁的事情发生的"合理"原因，以弥补心理上的创伤；也可以鼓励孩子写信、写日记等宣泄情绪。

第十章
父母教育中的智育培养——
培养孩子的智力因素

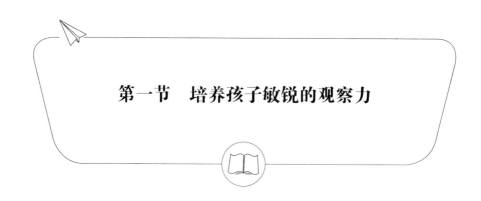

第一节　培养孩子敏锐的观察力

敏锐、精细的观察力是衡量一个人智商的重要标准。现代科学研究表明：人脑获得的 90% 以上的信息是从视觉和听觉中提取的。可见，观察力是智力活动的源泉，是掌握知识和技能的重要条件。培养孩子敏锐的观察力，对他们的智力发展有着非常重要的帮助和促进作用。良好的观察力有助于激发孩子的求知欲，增强他们的学习兴趣，调动他们的学习积极性。

培养孩子的观察能力并不是一件简单的事情，父母要对孩子的观察力的潜能有所了解，然后再用心对其进行开发和培养，这样可以收到事半功倍的效果。具体来说，培养孩子的观察力可以从以下几个方面入手。

一、有明确的观察目的

孩子在家里或外出时，可以随时确定一种观察对象，进行有目的的观察。比如，观察一件工艺品的形态、颜色、特点、制作水平；观察做饭、做菜的全过程；观察山水、树木、花草；观察一座建筑，为了提高观察效果，还可以边观察边用语言描述。父母与孩子可以互相评议，看看孩子的观察是否仔细，描述是否逼真。如能经常这样做，定会提高孩子的观察力。

二、掌握正确的观察方法和技能

（一）观察要有步骤、有计划地进行

观察的步骤可以按时间顺序观察，由先到后；按事物所处的位置观察，由近到远或由远到近；按事物结构观察，由外到内，由上到下等；按事物的形态观察，由整体到部分或相反顺序。

观察计划是要明确为什么观察，在什么时间、什么地点观察以及观察什么等问题，最后让孩子做好观察记录和总结。

（二）运用多种感官，勤于思考

家长要教导孩子在观察过程中，要把视觉、听觉、嗅觉、触觉、味觉多种感官结合起来，做到观其形、辨其色、闻其声、触其体、嗅其味。只有这样才能获得丰富全面的信息，提高观察的敏锐性和深刻性。在此基础上引导孩子根据观察的目的、任务，将观察到的事物经过思维进行分析、综合，进而揭露事物的本质和内在联系。

三、要使孩子具有知识储备

观察依赖于孩子自身的知识储备，如果孩子对要观察的事物缺乏必要的了解，就不知道从何入手进行观察，也就难以引起孩子观察的兴趣，继而影响观察的效果。组织孩子观察或参观之前，要向孩子介绍相关的知识，使他们在初步了解的基础上进行观察，进而达到深入了解的目的，否则只是走马观花，收效不大。

四、培养孩子良好的观察心理

当孩子对某一事物或现象有了浓厚的兴趣后，才能积极主动且持久地观察它。孩子在观察时，要有通过观察发现问题、解决问题的欲望，注意力要持久稳定，不可见异思迁、半途而废，还要积极动脑、思维敏捷，善于抓住易被忽略的细节，找出带有规律性的特征。家长要让孩子把观察力和想象力、观察力和造型力、观察力和计算测量等能力结合起来，以促进观察力的发展。比如，家长可以种一棵花，让孩子观察花的发芽、长大，也可以用石块、树枝、泥、贝壳等让孩子制作些自己想做的东西，发挥孩子的想象能力和造型能力，使他们的观察逐渐敏锐起来。

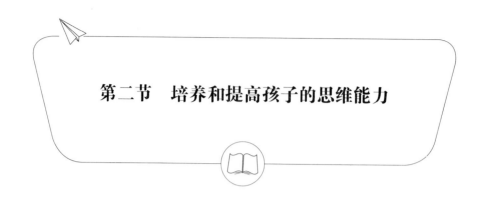

第二节　培养和提高孩子的思维能力

思维力是智力的核心，是考察一个人智力高低的主要标志。培养孩子的思维力，就是让孩子在学习中学会从具体到抽象、从现象到本质、从感性认识到理性认识的思维方法。在学校教育中，孩子们进行读写算，即阅读、写作、计算、分析、逻辑推理和语言沟通等方面的训练，整个学习过程就是以语言、逻辑、数字和符号为媒介，以思维力为核心的智力培养。

一、培养孩子思维力的着眼点

（一）善于发现问题，提出问题

在人类历史长河中有突出贡献的人，不仅能学习和借鉴前人的成果和已有的知识经验，而且能从中发现问题、提出问题，进行新的探索。我们应该向孩子灌输敢于向权威挑战、"尽信书不如无书"的理念。比如，伽利略敢于向权威挑战，通过比萨斜塔实验，证明重量不同的两个铁球同时落地。

（二）明确思维的目的和方向

正确的思考动机与强烈的思考兴趣，能推动人们弄清楚为什么思考、思考什么问题以及怎样去思考。只有这样，才能使思维活动持久有序，能随时随处发现与思维目的有关的事情。要想做到这一点，应不断地向自己提出一系列问题，让思维一步步深入展开。

（三）积极发展创新思维

创新思维是思维的高级阶段。要让孩子成为适应社会需要的人才，家长应当注重开发和训练孩子的创新思维能力。

1.发展发散思维

发散思维是以某个问题为中心，多方向、多角度、多层次进行探索，寻求多种答案的思维。如石头可以做建筑材料，还可以做武器、工具，甚至可以救人等。

2.鼓励直觉思维

直觉思维是指未经逐步分析，迅速对问题的答案做出合理的猜测、设想或突然领悟的思维。如阿基米德在洗澡时，由于澡盆的水往外溢出，他突然有所领悟，发现了浮力原理。

家长要为孩子创设没有心理压力、轻松和谐的良好家庭气氛，要鼓励孩子对问题进行近似合理的猜想、假设和即兴回答，多让孩子获得应用已有知识解决问题的经验。

3.克服各种心理障碍，培养"创造个性"

研究表明，人的毅力、自信心、热情、勤奋、责任感等在获得成功过程中起着重要作用。培养孩子的独立性、自信心、积极稳定的情绪、坚强的意志与强烈的责任感等，有利于他们创新思维的发展。

二、训练思维力的有效方法

（一）设疑法

设疑法是指通过仔细观察和深入思考，从不同角度对某一问题提出疑问，通过疑问来激发思维活力、探讨问题答案的思维方法。家长和老师要多鼓励孩子自己想问题，不要对孩子的问题有问必答，避免孩子出现思维惰性。

（二）逆向思维法

逆向思维法就是从相反的方向思考问题。运用逆向思维法解决问题，常能收到"山重水复疑无路，柳暗花明又一村"的效果。比如，火箭原本是向天上飞的，有人使它改变方向，制造出钻井火箭。

（三）归类思维法

归类思维法就是按照一定的标准，依据事物的特征，把事物组合成不同类别的思维方法。它可以简化环境的复杂性，从而简化我们的学习；可以为理出事物的层次与关系创造机会。

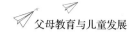

（四）独立思维法

独立思维法指不盲目从众，独立思考，在理性分析的基础上，提出自己的独特见解的思维方法。有的孩子在学习中能坚持自己的看法和观点，与老师、家长和同学据理力争，与此相反的是一些同学缺乏独立见解，一旦与人争论，就怀疑自己的答案是否正确，非要和别的同学核对后才放心。

（五）分合思维法

分合思维法就是将思考对象的有关部分，在思想上将它们分解为部分或重新组合，以找到解决问题的新方法。比如，曹冲称象的故事就是运用了分合思维法。

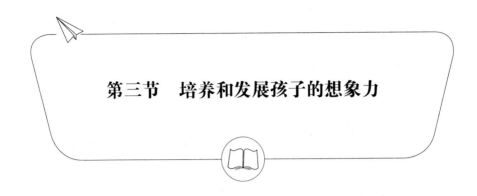

第三节　培养和发展孩子的想象力

想象力是智力活动的翅膀，是孩子学习知识和进行创造性活动不可缺少的条件。有了丰富的想象力，孩子才能够接受新的知识和不断提高自己的学习成绩。

心理学家认为，孩子的想象力出现在 1 岁以后，一般来说，3 岁前孩子的想象没有预定的目的，比较简单，只能在具体行动中进行。大约 5 岁以后，孩子的想象就开始带有明显的创造性，复述故事中会加入自己想象出的情节。

一、不要扼杀孩子的想象力

3 ~ 6 岁的幼儿思维没有定型，喜欢想象。如果幼儿老师在黑板上画出一个圆圈，问孩子们："这是什么啊？"他们一定会说出一大堆答案：数字零、鸡蛋、鸭蛋、太阳、月亮、脑袋、向日葵、苹果、橘子、西瓜、烙饼、皮球、篮球、足球、排球、硬币等。可见幼儿的思维活跃，想象力丰富。

一位幼教专家去国外一所幼儿园参观，看到一个孩子用蓝色画了一个大大的圆，东西她问："你画的是什么？"孩子说："是苹果。"他的老师走过来说："画得不错。"摸了摸孩子的头就走开了。专家很纳闷，问老师为什么不纠正孩子。那位老师诧异地说："我为什么要纠正他呢？也许他以后真的会培育出蓝色的苹果。至于现在的苹果是什么颜色，他吃苹果时会弄明白的。"

在幼儿园和家庭里，有多少老师和家长会允许"蓝苹果"的存在呢？

很多父母觉得孩子总是"异想天开"，或者与别人的思维方式不一样，经常出于保护孩子而加以反对，这实际上是在扼杀孩子的想象力。

有些孩子在现实中表现得确实与众不同，在家里乐于把钟表、电脑等物品拆开，试图看个明白；在学校不遵守纪律，爱提问，但这并不代表他们不爱学习，而是因为他们有不同于其他人的兴趣、爱好和思维模式。他们能够想象到别人不能想象的事物，敢做别人不敢做的事情，这正是他们想象力丰富，有强烈的求知欲的表现。

二、扩充孩子的知识量

想象是在已有的表象上展开的，任何想象都离不开已有的知识基础。一个人的感性知识越丰富，就越能产生丰富生动的想象。因此，家长要通过多种渠道，增加孩子对世界的感性认识。

让孩子接触大自然，投入大自然的怀抱。让孩子去感受蓝天白云下的鸟语花香，抚摸脚下的茵茵绿草，听听潺潺的水声，迎着清风奔跑……孩子在感受自然的过程中，会积累大量的感性材料。

阅读是获得知识的有效途径。孩子读书的过程，就是与书进行对话、交流的过程，是孩子充分利用自己的想象力学习的过程。通过想象，孩子可以把书中的图画在心里转化成为生动的故事场景，还可以帮助孩子生动地再现故事场景，体验故事中人物的心理，进而丰富他们的审美体验。

三、鼓励孩子大胆想象

（一）让孩子接续故事

家长给孩子讲故事时，可以中途停下来让孩子去想象故事的结尾，先鼓励孩子讲出他续编后的新故事，然后讲出原来的故事。孩子会发现他所想象的内容，可能大致符合原故事情节，甚至比原来的故事更奇妙，这将会给孩子带来成就感，会让他们更喜欢想象。

（二）补画面和画意愿画

补画面是画一幅未完成的画，让孩子去补画其余的内容，孩子想画什么就画什么，不要硬性规定画的主题和内容。

（三）听音乐

放一段孩子较易听懂的乐曲，让他们想象乐曲表达的情景，并将这一情景描述出来。家长可以陪着孩子一起听，与孩子一同捕捉音乐中的节奏、情绪等，在享受音乐的过程中，孩子会得到滋养和启蒙，而且在享受音乐的过程中得到了家长的陪伴，亲子关系也会得到巩固和加强。

（四）提出开放性的问题，给幼儿想象的空间

一位爸爸陪喜欢飞机的儿子去看飞机模型展览，在回家的路上，爸爸这样问儿子："你能想象未来的飞机是什么样子吗？如果以后让你造飞机，你会造出什么样的飞机？"然后他让孩子用语言、手势或者绘画的方法表达出来。诸如此类的问题有许多，要注意的是，幼儿的想象和言语表达水平会有差别，家长要引导他们学会表述。

（五）角色扮演法

做游戏可以发展幼儿的想象力，家长可以让孩子通过想象并扮演各种人物角色，创造性地反映现实生活，如孩子扮演司机、售货员和家长等角色的过程就是通过想象在重现现实生活。又如，幼儿喜欢玩积木等构建游戏，在游戏中，他们凭借想象创造出喜欢的手枪、汽车、飞机、城堡等模型，在这个过程中，孩子的想象力也会得到进一步发展。

第十一章
父母与孩子的成长愿景

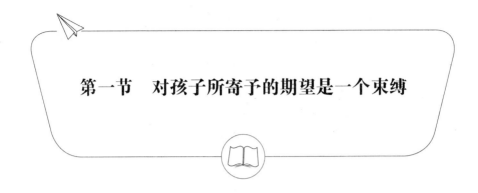

第一节　对孩子所寄予的期望是一个束缚

一、父母对孩子的期望值不要太高

（一）能帮助孩子走多远就走多远

家长对孩子的教育是尽己所能，但关键在孩子自身。因此，家长要认识到孩子的能力是有限的，如果孩子的能力只能上普通高中，家长就要尽力给孩子创造好的学习条件、宽松的学习环境，也许孩子超水平发挥考上重点高中；如果孩子没有超水平发挥，那就直面孩子上普通高中的现实。很多家长在学习上帮不上孩子，对孩子的期望也没有太高，但无声的心理支持反而会使孩子学得更好。

如果孩子的学习能力较差，考不上理想的大学，家长就要降低要求，引导孩子去学习技能。职业不分高低贵贱，只是分工不同，家长应帮助孩子在另外的领域找到自己的位置，也许他们会开创一个新的天地。

（二）在试探中寻找培养方向

家长要尽力根据多元智能对孩子进行分类，其实这不是一件简单的事情，家长需要不断摸索、不断总结，在试探中寻找培养孩子的方向，不能急于求成。

比如，感觉孩子有音乐天赋，家长可以试着让孩子去学乐器，但他未必就能一定学得好，学乐器练习是很苦的，有的孩子可能承受不住，家长虽然做了很多工作，可孩子已经不想再继续学下去了，这时家长就要试探着寻找孩子其他的发展方向，找到最合适的发展切入点，这样对孩子的后

期成长才会有所帮助。

需要注意的是试探中寻找培养孩子的方向不是让孩子见异思迁、朝三暮四，而是在改变培养孩子方向的同时改正他们身上已发现的弱点，进而在不断修正中帮助孩子成长。

（三）依据孩子的智能类型进行引导

美国哈佛大学的加德纳教授在他的《智力的结构：多元智能理论》一书中提出了多元智能理论，并对人的智能进行了分类，主要有逻辑—数学智能、空间智能、身体—运动智能、音乐智能、人际关系智能、自我认识智能和自然观察者智能。每个人的这八种智能不是均衡发展的，而是有所侧重，所以，家长要善于观察孩子，对孩子的各方面的智能有客观的认识。比如，孩子在体育方面有天赋，学习成绩一般，那家长就可以试着在体育方面来培养孩子，而不要一味地以学习成绩来衡量孩子的好坏。

家长应学习一些关于多元智能类的书籍，多了解一些多元智能的知识，懂得各个智能的特点，进而对孩子的智能进行分析，根据孩子的特点安排他们的学习和发展方向。

二、对孩子期望过高的危害

父母过高的期望有时会打击孩子的积极性，因此，我们所设立的期望与目标应考虑孩子的具体条件及其愿望。如果对孩子设置过高的期望与要求，当孩子不能实现目标时，父母毫不掩饰自己的失望，孩子会因不能达到父母的要求而自惭形秽，质疑自己的能力，进而动摇信心。

解决这个冲突的方法是对孩子既要有高的期望，也要考虑孩子的实际情况。孩子的成长是一个漫长的过程，不可能一蹴而就，之所以时常出现家长与孩子冲突，家长除了缺少对孩子的爱心，也与对孩子的期望值过高有关系。

若家长在孩子身上寄予很高的期望，同时不断地向他们指出不足之处，就有可能使他们失去勇气，缺乏自信；相反，如果家长对孩子的要求适度，并及时加以鼓励，会使他们充满活力和自信。

另外，有的孩子发现自己的成绩比别的同学差时，不是从方法、勤奋等方面找原因，而是进行简单的自我否定，自我否定之后是自惭形秽，接着就自暴自弃，他们往往根据局部的比较产生自我意识，认定自己是天生的卑劣者。

其实，孩子为自己选定的追求目标和比较对象，在很大程度上依赖于他们所处的环境。比如，如果父母对孩子的要求是得 95 分，而孩子只得 75 分时，他就会怀疑和否定自己的能力。

韩国学者在分析了孩子自卑感的成因之后，开出了这样的"处方"。

首先，适当降低对孩子的期望值。如果孩子的基础较差，家长就不要一味地去鼓励孩子并要求他考上大学，孩子觉得自己离目标太远，就会丧失信心，产生自卑心理。自卑感对孩子的危害取决于他们所感受的程度，感受太强，会使他们缺乏自信，放弃努力。感受在一定范围内，便会变成一种刺激的动因，直至促使他们去尽力弥补自己的不足。

其次，帮助孩子寻找长处，说明他并不是时时、处处都比别人差。孩子一旦摆脱了家长的过高要求，又看到自己在某些方面还有希望，便会重树信心，求得进步。

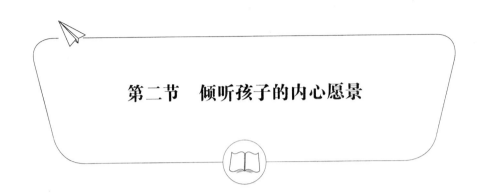

第二节　倾听孩子的内心愿景

一、如何正确倾听孩子的心声

父母与孩子沟通，不仅要说出来，还要懂得倾听，给孩子表达的机会，从孩子的话里了解他们内心的想法，所以说，倾听也是一门学问。那么，如何正确倾听孩子的心声呢？

（一）投入

家长需要时间仔细琢磨，适时地对孩子的表述做出适当的评价，让对话延续，帮助孩子表达真实情感。如果家长主动挑起话题，孩子正打算敞开心扉却发现家长迫不及待地打断他们，他们很快就不再信任这样的对话，并拒绝与你深入交谈。

（二）感同身受

家长在听孩子讲话的时候，不要去思考你应该说什么，而要尽可能将注意力集中在与孩子的谈话内容以及感受上，尽可能设身处地地站在孩子的角度理解所发生的事情，不要对孩子的感受做出自以为是的判断，要允许孩子有自己的感受。

（三）有耐心

家长一开始使用倾听策略时，与孩子的对话会显得不自然，但渐渐会发现自己的言语中少了许多警告、建议和批评，与孩子的交流越来越顺畅。

（四）保持中立

在倾听过程中，家长应保持中立的态度，对孩子表达的内容既不反对，也不赞同。用心倾听是一种包容的修养，暂时把个人成见与欲望放在一边，尽可能体会说话者的内心世界和感受，说话者也会对这种接纳产生感应，变得更加坦诚而开放。

（五）时机要恰当

倾听需要恰当的时机，只有恰当的倾听才是有益的。当孩子寻求信息并未表露情感时，家长只需要提供信息或指南；当孩子不愿意谈论心里的感受时，家长要尊重他的隐私；如果倾听进行到一定程度，孩子不想再谈了，那就最好到此为止。

（六）回应孩子要简洁

家长在回应孩子时，注意要用简洁扼要的语言，把对方的主要观点和对它们的理解，简要、概括地复述出来，目的是让孩子加深对自己语言的印象。

想要真正地了解孩子，最重要的就是要了解孩子的心声，知道孩子在想什么，需要什么，这样才能给孩子最正确的教育，让孩子变得更加优秀。

二、怎样倾听孩子的心声

例1. 假如孩子问你："爸，明天你干什么？"通常，你的回答是：

A：我不干什么。

B：我要出去一趟，有点事儿。

C：哦，我可能有点事。你有什么事吗？是不是需要我帮忙？

真正合格的倾听者是 C，因为 A 和 B 只是听见了"话"，只有 C 听见了话中之"话"，话中所隐含的某种试探、某种企求。类似的问话，尤其在亲子之间比比皆是，可惜我们很多人没有"听懂"它，结果是轻则疏离了彼此的感情，重则可能引发一场口角。比如：

儿子：爸，明天你干什么？

父亲：我要去一个人的家，有点事。

听起来，父亲的回答如此简单明白，儿子应该满意。但儿子闷闷不乐，觉得父亲不关心他。有时候，儿子不死心，还想再试探一下——

儿子：大概要去多少时间？

父亲：不知道。去了再说吧。

虽然父亲说得并不生硬，但儿子更加不愉快，本来有心求父亲明天一起去放风筝，现在不想开口了。父亲一点儿也不明白儿子为什么忽然闷闷不乐了。有的父亲甚至再加上一句："你管这么多干什么？"那更是曲解了儿子的原意，而儿子若是再顶上一句："谁要管你了！"一场不愉快的口角必然发生。

这个例子说明，由于父亲没有听出儿子话中有"话"，别有所求，所以没有做出适当反应。结果，父亲被儿子误会了，而父亲却不知道自己什么地方做错了。

例2. 女儿放学回来说："每天作业这么多，真不想做了。"你通常的反应是：

A：作业多，也是老师为你们好。

B：又不是你一个人作业多，大家都是这样，有什么好说的！赶快去做！

C：作业是太多了。要么你休息10分钟再做吧？

C的反应是真正听懂了女儿的"感觉"，女儿需要父母的关心和体贴，"真不想做"是她负向情绪的一种言语宣泄，并非她真的"不做作业"。而A和B的反应很可能引起女儿顶嘴："我没有说老师不好！""我没有说别人作业不多！"女儿觉得父母听不见她的"感觉"，曲解了她的意思，而父母又可能指责女儿对大人没有礼貌，结果大家都很不愉快。

可见有效的倾听不容易，而"不会倾听的家长"也大有人在，所以，家长不能因为自己是大人而对自己的倾听行为太自信。或许，正是因为做父母的身份使我们更容易忽视用心倾听孩子。

为了达成父母和子女的良好沟通，需要从"有效的倾听"开始做起。学会有效的倾听，一是有助于你了解子女，尤其了解子女内心的感觉和情绪，二是有助于你"说的话"让子女"愿意听"。

（1）倾听自己每天说了些什么。如果你的子女认为你"唠叨"，那么，你先要从"倾听自己讲话"开始学习。家长可以用录音机来记录自己每天的某段时间里都说了些什么，然后放给自己听。

（2）倾听孩子说话比做家务更重要。当孩子和家长说话的时候，一些家长常常忙自己的事情，心不在焉。比起家务，与孩子沟通是很重要的。这是因为，当孩子主动和你说话的时候，正是父母了解子女的最好时机；同时，父母也要给孩子树立良好倾听的榜样。而更深远的意义是，家长良好的倾听行为是在告诉孩子：父母关心他，在意他。这样，当孩子有了烦恼的事，高兴的事，就愿意说给父母听，愿意与父母分享。而家长因为这种良好的亲子沟通，对子女的了解也更细微、及时。在人格上，我们应该把孩子真正看成一个"独立的人"来尊重，同时，要注意两点：一是家长认为"无关紧要"的事情，在孩子可能是"事关重大"，家长的感觉不能代替孩子的感觉；二是如果孩子"纠缠"，说明他有"沟通需要""情感交流需要"。无论如何，父母没有理由拒绝倾听孩子。

（3）倾听孩子的"感觉"，进行必要的核对。父母不仅要倾听子女说了些什么，还要猜测他内心真实的感觉是什么，并且进行必要的核对。家长核对性的反馈，具有"镜子"的作用，有助于子女觉察自己的感觉。下面的例子可以启发父母的思路。

孩子说："……可是我从来不把别人往坏处想！"

他内心真实的想法可能会是：

——我上当了（后悔）；——你们把我教得太纯洁了（抱怨）；

——我以后不能过于相信别人（自责）。

父母对孩子话语的猜测，不妨用"你的意思是……"这一句式核对一下，这样，孩子通过父母的核对性反馈，会觉察到自己有或没有"上当""后悔"的感觉，而且父母的猜测也得到了核实。但要注意，家长在核对的时候，一定要用关心、猜测的语气。

从"有效的倾听"开始做起，家长将发现一个奇妙的变化：亲子之间有了更多的互相关注，更多的了解，误解减少了，口角减少了，父母和子女都感受到家人之间更多的温馨和融洽。

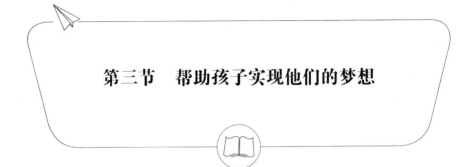

第三节　帮助孩子实现他们的梦想

一、帮助孩子树立远大的理想

第一，孩子的远大理想决定于家长对孩子的期望以及家长的理想状态。

前者会影响家长对孩子的教养方式，后者会直接成为孩子的榜样。有关调查表明，当前许多家长对孩子的期望片面地局限在"考上好的大学"，对孩子只有学业期望，而缺乏人格期望，这必然给孩子的发展带来不良影响。

父母要求孩子有远大理想，自己就该是个有理想、敢奋斗的人，同时，一定要把对孩子的期望调整到先培养他们的优良人格上。徐特立说过："教育的作用就是按照一定的社会形式，培养一定的人格，为一定的社会服务。"

第二，家长需要了解孩子各个年龄阶段发展的基本特点。

幼儿期的孩子，要开始培养良好的人格。但家长要明白，培养幼儿的志向是指让他们充满自信，相信同年龄的小朋友能做到的事，自己一定也能做到，而且可以比别人做得更好。这样的教育，越早开始越好。

小学生的理想常常飘忽不定，因为他们容易受外界事物的影响。所以，家长除了要规范自己的言行，还要帮助他们在面临复杂的现实环境时学会选择，坚定理想。

中学生的理想虽然逐渐稳定，但他们的理想往往富于幻想却缺乏科学性，特别是行动大大落后于思想。

家长了解孩子理想发展的基本特点后，可以抓住他们产生积极情绪的有利时机，如进入新学校、新学期开始、考出好成绩、在学校受到表扬等。家长要及时与孩子交流，帮助他们把积极感受转化成目标理想。人格和理想的养成需要依靠文化的熏陶，时代在变化，家长给提供孩子文化素养要注意时代特点。家长需要注意的是，切忌总用挑剔的眼光指出孩子的不足，打击孩子的决心。另外，不论对哪个年龄段的孩子，都不能忽视对他们进行爱国教育，因此，家长要引导孩子关心国家的发展、知晓重大事件。

第三，为孩子提供向理想接近的实践机会。

与理想密切相关的人格培养应该落实到生活的细节上，比如，凡是孩子应该做的事情，家长一般不包办代替；当孩子遇到困难挫折时，家长应鼓励他，并教给他具体的方法；家长经常给孩子讲一些由于人格良好而成功的个案，为孩子树立好榜样等。人们谈理想时，常会提及"梦想"这个词，指的是经由人的意识活动而产生的想法。在追求理想实现的过程中，一个个"梦想"就是一个个目标。家长要懂得引导孩子确定一个时段内的系统目标，一个目标达到了，再鼓励他们为下个目标努力。当然，在孩子追求理想的过程中，家长要帮助孩子按照自己的发展实际及时修正目标。

第四，人类最神奇的遗传因子，就是那善于梦想的力量。

有一年，一群意气风发的天之骄子从美国哈佛大学毕业了。他们的智力、学历、环境条件旗鼓相当，在即将踏上社会这个最广阔的天地之前，哈佛对他们进行了一次关于人生理想的调查。结果如下：27% 的人没有理想，60% 的人理想模糊，10% 的人有清晰但比较小的理想，3% 的人有清晰而远大的理想。

25 年以后，哈佛再次对这群学生进行了跟踪调查。结果是：3% 的人，25 年间，他们朝着一个方向不懈地努力，几乎都成为社会各界的成功人士，其中不乏行业领袖、社会精英。10% 的人，他们的小理想不断实现，成为各个领域中的专业人士，大多生活在社会的中上层。60% 的人，他们安稳地生活与工作，但都没有什么特别的成就，几乎都生活在社会的中下层。剩下 27% 的人，他们的生活没有理想，没有目标，过得很不如意，并

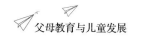

且常常抱怨社会，抱怨他人，抱怨这个"不肯给他们机会"的世界。

其实，他们最初的差别仅仅是：有人有理想，有人没理想；有人理想远大，有人理想很小。25 年后，很小的差别形成了巨大的鸿沟。人生因为有了梦，才有梦想；因为有了梦想，才有理想；因为有了理想，才有为理想而奋斗的历程；因为有了奋斗，才有了人生幸福。

既然理想这么重要，那怎样培养孩子的理想呢？

首先要告诉孩子，在理想面前人人平等。美国有个黑人水手带着儿子去丹麦，在安徒生的故居前，儿子困惑地问："爸爸，安徒生不是生活在皇宫里吗？"父亲回答道："安徒生是个鞋匠的儿子，他就生活在这栋阁楼里。"这个黑人的儿子叫伊尔·布拉格，20 年后，他成为美国历史上第一位获普利策奖的黑人记者。在回忆童年时，他说："那时我们家很穷，父母都靠出卖苦力为生。有很长一段时间，我一直以为像我们这样出身卑微的黑人是不可能有什么出息的。安徒生的故事告诉我，上帝没有这个意思。"

伊尔·布拉格的父亲培养孩子的理想用了两个办法，一是让孩子参观了解他所崇拜的人物的生活经历，从而在他心中点燃理想的火种；二是用事实告诉孩子，出身卑微也可以拥有理想。父母可以引导孩子多读一些伟人传记，这对孩子学习了解伟人的生活、经历，汲取伟人的精神力量，最终树立人生理想有重要的作用。

培养孩子的理想，要小目标和大目标相结合，具体目标和长远目标相结合。若没有具体目标，或目标定得太高，不但不利于孩子的发展，还可能因目标难以实现而影响孩子实际能力的发展。

孩子有了理想的种子之后，父母还要精心培育，要细心浇灌，要告诉孩子，美好的理想转化为现实需要经过努力，经过奋斗，奋斗是到达理想天国的阶梯和桥梁。孩子每达到一个小目标，或者每天取得一点进步，父母都要及时鼓励，并告诉孩子：你向理想靠得更近了，好好努力啊！

长期如此，孩子实现理想的那一天也就不远了，即使最终没有达到理想的目标，也体验到了为理想奋斗的乐趣与幸福，他的人生也因此丰富多彩。

二、帮助孩子发展兴趣与梦想

意大利教育学家蒙台梭利主张："儿童的一切教育都必须遵循一个原则，即帮助孩子身心自然地发展。"最好的教育就是给孩子需要的帮助，最好的教师是帮助孩子成长，帮助他们成为栋梁之材。教育就是要帮助孩子在追梦的路上，变得更有知识、更有能力、更有智慧，更加轻松地应对生活中的事情，实现个性化和社会化的统一，从而克服不适应感，获得安全感，自然地、自由地做最好的自己。

（一）帮助孩子认识自己

每个孩子来到世界上，由于独特的遗传因素、成长环境和经历，形成了自己的性格特点和行为模式，这些决定了每个孩子都是一个与众不同的个体。

要帮助孩子发展，应先帮助他们正确地认识自己。第一，要善于发现孩子。每个孩子都有自己的优势智力领域，有自己的学习类型和方法，家长要为学生创造多种多样展现各种能力的情景，给每个孩子提供多样化的选择。第二，帮助孩子认识自我。家长应该帮助孩子自我认识，这对孩子的自由成长有着非常重要的意义。第三，帮助孩子做好自我。自我意识是一个人成长与幸福的立足点。幸福是自我体验，有了自我，孩子的生命存在才有价值。因此，家长要教育孩子坚守自己的个性，发挥自己的特长，拓宽自己的优势，弥补自己的不足。

（二）帮助孩子获得认同感

成长中的孩子希望获得认同感，以证明自己存在的价值，进而在获得尊重中激发生活的热情和信心。家长要帮助孩子获得认同感。一是接纳孩子。在生命成长的过程中，他人的接纳和与他人的和谐相处对孩子具有重要意义。一个不被自己所在群体接纳的人，在情绪上往往是消极的，在状态上是缺乏活力的，在行为上是主动性不强或者是叛逆的。由于在身心方面还不够成熟，还不能完全区分和正确对待遇到的问题和困难，成人对孩子的接纳态度，对他们的心理和人格完善起着非常重要的作用。二是信任孩子。关爱、赞美、信任和期待具有一种能量，能使孩子增强自我价值，

变得自尊自信，获得一种积极向上的动力，并尽力得到对方的期待，从而维持这种社会支持的连续性。

（三）帮助孩子发展自己

首先，允许孩子犯错。"犯错误"是孩子成长过程中的自然存在，杜绝孩子犯错误是超越现实和违背孩子成长规律的。其次，给予孩子自由。托尔斯泰说："教育唯一的规范就是自由。"美国曾向小学生征集最聪明的一句话，其中有一句话是这样的：我的手很小，请不要往上放太多的东西。面对成长中的孩子，我们的教育给了孩子太多的"帮助"。当我们因为某些知识"有用"而要求孩子"一定要学好"时，有没有考虑过这是否是孩子的内心所需？当孩子专注于某些领域而被我们斥为"不务正业"时，我们有没有考虑过，这是否是他们内心所爱？我们太重视教育的作用，也做不到让孩子沿着我们指定的轨迹行走。我们没有权力干预孩子的自由生长和人生的自主选择，不要试图教育他，而应努力帮助他。最后，让孩子体验成功。心理学家威廉姆·杰尔士说过这样一句话："人性中最深切的需求就是渴望别人的赞赏。"成长中的孩子有着强烈的身份认同感，他们更希望得到家长、老师和同学的理解、肯定和赞赏，需要通过他人的引导和自身参与，获得最强烈的、成功的内心体验。

第十二章
父母与学校的良好互动

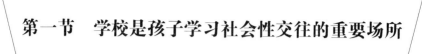

第一节　学校是孩子学习社会性交往的重要场所

一、教育的发展与学校教育的产生

人类教育的发展经历了一个漫长的过程，这个过程大致可分为三个阶段：非形式化教育阶段、形式化教育阶段和制度化教育阶段。

（一）非形式化教育阶段

非形式化教育是教育主体和教育对象均不固定的教育。在非形式化教育阶段，教育主体与客体的联系具有偶然性，它同人类的社会生活是浑然一体的。

1.非形式化教育的特点

（1）教育主体没有固定下来，没有专门从事教育活动的专职教师；

（2）教育对象不稳定；

（3）没有固定的教育内容，教育内容是零散的、随机的；

（4）没有固定的活动场所和设备。

2.非形式化教育阶段的社会教育与家庭教育

非形式化教育阶段，由于学校尚未产生，社会成员主要接受的是家庭教育和社会教育，家庭和社会承担着教育个体的主要责任。

在人类产生早期，人类以氏族部落为生存单位聚居，家庭没从整个聚居群体中分离出来，家庭教育和社会教育在时空上统一于一体。因此，漫长的原始社会中，个体主要是通过共同生活的过程来教育自己的，家庭生活、氏族生活、工作和游戏及典礼、仪式等都是人们每天遇到的学习机会，这种自然的非制度化的学习方式在世界广大地域一直流行，如果把教育的根源回顾一下而又不把这种回顾理想化，可以丰富教育学的思想，并可以利用那些被忽视了的思想去充实今天的教育。

随着生产力的发展，人们独立生活的能力不断提高，家庭从氏族部落中独立出来，社会变成了以家庭为基本组成细胞的社会，家庭开始以其独特的方式影响子代的发展，家庭教育也随之产生。家庭教育产生后，历史上开始存在两种不同形态的教育：家庭教育和社会教育。家庭除了日常生活熏染个体外，还产生了家庭教育思想和家庭教育内容。

（二）形式化教育阶段

形式化教育是教育主体和教育对象相对固定，教育主体与客体的联系具有规律性的教育。如果说非形式化教育是散乱的"教育细胞"，那么形式化教育则是由大量的"教育细胞"构成的教育组织系统。这个组织系统中不仅有学校教育，也有家庭教育和社会教育。在形式化教育阶段，教育系统形成了一个学校教育、家庭教育和社会教育交织的壮美图景。

1.学校教育的迅猛发展

学校教育的发展主要表现在教育体制、教学内容和教学方法等方面。

（1）教育体制。

我国的学校产生后，在夏商周沿用着"学在官府"的教育体制，到春秋战国时期，私学开始兴起，并出现了一大批富有影响力的教育家，如孔子、墨子、孟子等，他们为私学的发展做出了巨大贡献。我国历史上长期存在着官学和私学两种教育体制，这有利我国学校教育的发展。

（2）教育内容。

我国在学校产生之初就创立了"六艺"教育。所谓六艺，是指礼、乐、射、御、书、数这六门课程。礼、乐是六艺教育的主干，礼与乐互为表里，不可分割，射和御是武士必备的技能，书是指识字和著文，数是数术的简称。后来由于"百家"兴起，各"家"都有自己侧重的内容，到了汉代，董仲舒提出"罢黜百家，独尊儒术"。

（3）教学方法。

教育实体产生后，许多教育家都有关于教育方法的论述。《论语·述而》中有关于"启发"教学方法的论述："不愤不启，不悱不发，举一隅不以三隅，则不复也。"孔子在此先讲启发的着眼点，要求学生形成"愤"与"悱"的心理状态，再谈及启发目的，培养知识迁移能力和思维能力，并以此来检验启发是否恰当。《非命上》中总结了"三表法"："有本之者，有原之者，有用之者，于何本之？上本之于古者圣王之事，于何原之？下原察百姓耳目之实，于何用之？发以刑政，观其中国家百姓人民之利。此所谓言有三表也。"判定被认识的客观事物的是非，首先必须看它是否符合古代历史发展规律的间接经验。墨子在教学中，无论教什么内容，都要大量引证历史材料，并且以《书》《百国春秋》等做教材。这可说是第一"表"——"有本之者"的基本内容。但光凭前人的经验是远远不够的，更重要的是结合社会现实，所以第二"表"提出要深入考察广大人民百姓亲自触及的直接经验。从两"表"看，墨子教育弟子都是以客观事物来作为判定认识是非的依据，绝不凭自己的主观臆断，肯定了客观存在是第一性的，这无疑是唯物主义的观点。关于第三"表"，意思是说判断衡量认识客观事物的真伪是非，单凭历史古人的间接经验和现实今人的直接经验是不够的，必须把理想建立于现实的政治上，看它对国家和人民百姓是否有利。

2.社会教育、家庭教育的发展

形式化教育阶段中，家庭教育、社会教育与学校教育是相容不悖、较为和谐地发展的，这时以"三纲""六纪"来说明家庭教育、社会教育与学校教育的关系。班固的《白虎通》指出："三纲者何谓也？谓群臣、父子、夫妇也。"同时，又提出"六纪"作为"三纲"之辅助，即"诸父（叔伯父）、兄弟、族人、诸舅、师长、朋友也"。文中阐述了纲纪的重要性："何谓纲纪？纲者，张也，纪者，理也，大者为纲，小者为纪，所以张理上下，整齐人道也。人皆怀五常之性，有亲爱之心，是以纪纲为化，若罗网之有纪纲而万目张也。"这从人际关系角度提到家庭、社会、学校以及家庭教育、社会教育和学校教育，论述了家庭中夫妇、父子、兄弟、诸父间的关系及家庭教育应遵循的规则，社会中君臣、族人、诸舅、朋友间的关系及社会教育的准则，学校教育中师生的关系及学校教育的准则。

（三）制度化教育

近代教育兴起以后，特别是在公共教育制度（或由国家资助学校的制度）形成以后，随着学校大量增加，需要制定相应的规范作为衡量学校工作的尺度，并在学校职能健全后解决上下级学校衔接、不同类型学校分工以及办学权限之类的问题。于是，学制（学校制度）、课程设置、外部考试制度等措施应运而生，从而使大量处于游离状态的学校逐渐聚合成学校系统。教育系统形成后，使形式化教育日趋制度化，无论是在积极意义还是消极意义上都对教育实体、教育发展产生了深刻影响。

1.制度化教育阶段学校的标准

制度化教育阶段中的学校与形式化教育阶段的学校相比具有明显的区别，胡森在《困境中的学校》一书中提出了衡量学校的9条标准。

（1）它是一种全日制学习的结构；

（2）对入学和毕业有一定的年龄规定；

（3）教学模式是教师"面对"学生的讲授式；

（4）课程是分年级的；

（5）基层单位的大小，也即学校校舍或楼群已随学区的城市化和一体化而不断扩大；

（6）由于更多的儿童延长了修业年限，因此，体系的规模已有了扩大；

（7）学校的教学目标已从传授知识技能和能力这种单一的目标扩大为构成社会教育的各种目标；

（8）这种发展要求各方面更好协调，而这种协调已通过建立各种专门的服务设施使行政管理机构有了扩大；

（9）管理倾向于日益严密，而教学工作在更加集权化的规定下变得更为统一。

2.中国教育的制度化道路

制度化教育向非制度化教育转变或非制度化教育向制度化教育转变分为两种情况：一是自觉的变革，一是自发的变革。非制度化教育向制度化教育的转变是自觉变革，而制度化教育向非制度化教育的转变是特殊时期的自觉变革或自发变革。

在制度化教育阶段，随着教育制度化的加深，学校在整个教育中的地位不断突出，在一定程度上弱化了家庭教育和社会教育的功能。

二、现代学校教育状况

现代学校教育的发展水平决定了其在现代社会的重要性。1993 年，中共中央国务院在《中国教育改革和发展纲要》中指出："当今世界政治风云变幻，国际竞争日趋激烈，科学技术发展迅速。世界范围的经济竞争，综合国力竞争，实际上是科学技术的竞争和民族素质的竞争。从这个意义上说，谁掌握 21 世纪的教育，谁就能在 21 世纪的国际竞争中处于战略的主动的地位。"国家的发展要靠人才，人才的培养要靠教育，而现代学校教育在培养人才方面的优势是很明显的。

（一）现代学校教育中有一批水平不断提高的师资队伍

一种教育是否进步和功能的最终实现的一个首要因素是教师。现代学校教育有一批水平不断提高的教师，这为学校教育质量的提高奠定了基础。

（二）学校教育活动不断走向科学化

与学校教育制度化进程并行的是学校的科学化进程，学校科学化的主要表现是学校进行教育教学研究活动的增多、程序的规范和质量的提升。

首先，通过教学实验可以转变教师的教育教学观念。观念的转变对教育教学向科学化发展具有重要作用。科学的教学行为来源于教师对教育教学的科学认识。教师善意的初衷，如果没有对教育教学的科学认识作为基础，教育教学结果未必如其所愿，甚至还会适得其反。当然，教师大多是了解教育教学知识的，但由于缺乏教学前线运用这些知识的经验，就有可能没有形成主动运用其教育学、心理学知识的意识。

其次，教育教学实验是对教师进行培训的一种重要形式。普通教师与优秀教师、大学教师在实验中进行合作，可以学到许多教学中需要的知识和技巧，这些可能是他以前在学校中没有学到和不易学到的。

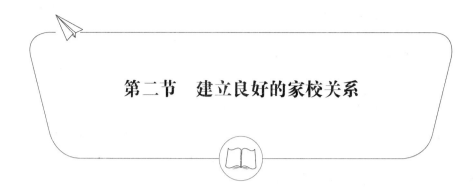

第二节　建立良好的家校关系

一、家庭教育与学校教育合作的内涵

（一）家庭教育与学校教育缺一不可

家庭教育与学校教育对学生的影响，如同在一个支点上作用的两股力量，二者对学生影响力的大小，决定于两股力量的用力方向。当家庭教育与学校教育的方向一致、家长与教师的关系融洽时，教育对学生的积极影响就会很大。家庭教育与学校教育都是不可缺少的，在现实中，因为家庭教育或学校教育存在着缺陷而放弃某一种教育方式，是一种因噎废食的行为。

家庭教育与学校教育的优势是互补的，比如，家庭教育中的情感教育具有鲜明的针对性、感染性、早期性，这是学校教育所欠缺的；而学校教育的特点是目的性、系统性、专业性强，这又是家庭教育的局限。因此，家庭与学校的合作是为了发挥各自的优势，为学生营造一个温馨的发展环境，让他们所接受的教育更具亲和力、更具人性化，从而在教育中收到事半功倍的效果。

（二）家校合作的目的

家校合作以促进家庭教育和学校教育保持一致，形成合力，促进青少年身心健康发展以及品德和学业等其他各方面的良好发展为最终目标。家校合作使家庭教育与学校教育成为统一的过程，双方在教育学生过程中互相配合、密切合作，形成家庭尽全力协助学校、学校全方位地支持家庭的互动。

169

（三）家校合作对家长的要求

1.避免出现认识误区

不少家长认为把学生送到学校后，学校应该对学生的成长负全部责任，而家长只需要满足学生物质生活上的需求。一些家长相信教师的权威性，对学校与教师唯命是从。在现实的教育中，有这样一种矛盾的现象：家长们对孩子的学业十分重视，但又不敢插手学校事务，怕对教师的权威有所冒犯。

2.家长在家校合作中的角色定位

（1）学生学习的支持者。

学校对学生的教育可概括为道德与知识两个方面。在道德方面，重点是帮学生树立正确的价值观；在知识方面，重点是对各学科进行系统的文化知识教育。在学习阶段，孩子的主要角色是学生，家长把孩子送到学校，应当帮助孩子适应学校生活，让他们形成良好的学习态度与习惯。

家长有责任照顾子女，保证子女的健康与安全，为他们的成长创造良好的条件。有了健康的身体，孩子的美感、品德、智力等心理方面的成长才有可靠的保障。

（2）教育理念的学习者。

作为对孩子的发展产生重要影响的人，家长应该多途径、经常性地学习怎样做一个合格的家长。

未成年人的自我意识正在形成，心理的发展还没有完全成熟，抗挫折能力还不够强，家长不该等孩子发生问题才进行补救，而应当做教育理念的学习者，转变陈旧的思想，关注孩子各方面的发展，使孩子健康成长。

（3）学校活动的参与者。

在家校联系中，家长参与中小学学校教育的方式基本上是参加家长会，形式比较单一，一般以听众和学习者的身份出现。针对这种情况，家长可以提前准备好想与老师沟通的问题，多与其他家长进行交流，从而较全面地了解孩子的在校情况。一些幼儿园开设了家长开放日，家长可以更好地了解孩子的在园情况，也可以直接参与到学校活动中去，效果较好。

家长要对学校的工作做出积极的回应。例如，小学普遍存在需要家长为孩子作业签字的情况，这是老师督促家长帮助孩子认真完成作业的一种手段。有的家长认真去做，有的家长敷衍了事，最终孩子的学习效果自然不同。家长对孩子学习成果的肯定以及家长和老师的合作，将为孩子取得良好发展奠定坚实的基础。

现实生活中，许多家长片面追求升学率，认为让孩子多做习题就是在支持学校工作，对孩子在校的学习负担不闻不问，对他们的学习压力视而不见，甚至变本加厉地给孩子加压。这些家长需要改变思想观念，意识到自己的问题。事实上，对子女的支持，更多的是指为孩子提供一个良好的家庭学习氛围。

（4）家庭内外环境的塑造者。

家庭生活环境包括物质生活环境和精神生活环境两个方面。

① 父母应当安排好家庭经济生活。教育社会学的研究成果表明：家庭极端贫困，就不能为子女提供正常或必要的学习条件；超过满足子女正常学习需求的各项条件，再有任何程度上的提升，对于子女的学习和教育也不再产生有意义的影响和积极作用；过于优裕的家庭条件，容易养成子女养尊处优的品性，成为影响他们学习的不利因素。

父母合理安排家庭经济生活，首先要做到善于持家，正确对待和科学安排家庭经济收入，养成不铺张浪费、勤俭持家的习惯。把智力投资放在适当的位置，为子女买好书、订报刊，但忌超过子女的需求。父母教会子女合理安排家庭生活，进行经济生活知识的传授，并让他们适当参与家庭经济的管理，既能增强子女的家庭责任感，也可以让他们在实践中学会如何生活。

② 美化家庭居住环境。风格优雅、整洁美观、舒适宜人的家庭居住环境，能够让家庭成员心境舒适，并能成为子女养成良好生活习惯的外在刺激，其教育作用不可低估。例如，注意通风，让阳光、微风、鸟语花香充满居室，可以充分刺激孩子的听觉、视觉、嗅觉等器官。

③ 创造和谐家庭氛围。家庭成员之间的关系，特别是父母之间的关系会形成一种家庭心理气氛，这是家庭环境对子女的影响更直接、更明显的

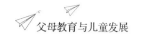

因素。创造和谐家庭氛围需要家庭所有成员严格要求自己，做到相互尊重、理解、关心、谦让，形成和谐民主的人际关系。

④ 家庭成员追求高尚的精神情趣。家庭成员的文化道德素养及其所决定的精神情趣，不仅是家庭教育的必备条件，也是形成良好的家庭道德环境和智力环境的前提。特别是父母的道德修养和情操以及文化品位，对子女的学习、生活和精神追求具有直接的、明显的导向作用。

二、家校合作中常见的问题

家庭与学校作为两支主要的教育力量，假若形成合力，就能互相支持与配合，加强教育的作用，反之，就可能相互削弱与排斥。

（一）家校双方的角色差异问题

1. 立场差异

家庭与学校教育的出发点都是为了孩子的健康成长，但两种教育的立场各不同。老师看到的是班级这个群体，在集体中接触与教育学生，常常通过学生之间的差异，了解与评价每个学生的行为及发展情况。家长面对的是自己的孩子，缺少评价的参照系统，对孩子的期望值与老师的教育目标存在差异。因此，老师会更注重班级的集体发展，对学生的共性发展实行更多的策略；家长则更容易从孩子的个性发展需要进行考虑。

2. 观念差异

一般情况下，来自社会不同阶层的家长对老师教育观点接受程度也不相同，这种差异是由于他们的社会与文化背景的差异造成的。家庭与学校是不同的生活环境，学生从踏进学校的第一天开始，就试图把自己对周围世界的理解与学校教给他们的想法相整合。这个过程对于那些生活在家长与老师价值观相似的家庭中的学生较为容易，对生活在与学校的教育理念相差悬殊的家庭中的学生较为困难，他们会出现迷惘，需要进行反复的思想斗争。这种矛盾冲突容易让孩子意识混乱、心理矛盾，制约着孩子的学习和发展。

在家校合作中，双方教育观念的不同造成了教育过程中的一些矛盾与冲突，常见的冲突有以下几种。

（1）人才观方面。

大多数教师具有符合社会需求与个性发展特点的正确人才观，认为只要是适合社会需要的，各级各类有专长的或全面发展的人都是人才，而很多家长认为只有脑力劳动者，如科学家、工程师、白领阶层才是人才。

（2）儿童观方面。

大多数教师具有民主式、发展式的儿童观，能用发展的思想认识学生，认为他们有无限的发展潜力，而有的家长把孩子当成自己的私有财产，凭借自己的经验教育孩子，有的家长抱有专制态度，以势压人、急于求成、简单粗暴，不能把孩子看成具有独立人格的人。

（3）道德教育方面。

在道德教育方面，家校冲突更为剧烈。不少家长重智轻德，他们评判孩子是否优秀的标准是学习好、成绩好和分数高。

家长和教师都懂得道德教育在学生发展中的作用，可涉及具体的培养目标以及对学生的发展期望时，家长的观念却有很大变化。学校教育要求学生爱护公共财物，学会与人友好相处，德智体美劳全面发展，这与有些家长对孩子提出的智育第一、分数第一、升学第一的要求不一致。这样家庭与学校之间失去了协调有序、统一和谐，致使在教育活动中出现家校对立的现象。

面对这种观念的冲突，家长与教师需要相互理解和尊重。在沟通过程中，双方有时会带着挑剔或批判的心态与对方交流，这就成为家校合作的障碍。

针对这种情况，家长和教师要明确家庭教育与学校教育有各自的内容，双方的职责也不完全相同。虽然在教育对象和总的教育目标上双方是一致的，但是家庭教育和学校教育的侧重点是不同的。从教育方式和内容上看，家庭教育与学校教育有明显的区别。家庭教育主要是对孩子进行行为示范影响，以小环境文化氛围熏陶及亲子互动活动为主，教育内容不确定，以随机为主，不强调知识传授及教育的系统性。学校教育是在教育方针及教育大纲指导下，进行系统的文化知识的传授与人格培养，教育内容具有规定性，学校教育更多地体现着社会对下一代人的期待。

良好的家庭教育应包括三方面：一是促进子女体、智、情的健康发展，教育内容包括传播科学饮食知识、基本的体卫常识以及相应的训练等。二是教育子女理解基本的人伦关系，教育内容包括接人待物、孝顺父母、尊老爱幼等。三是养成良好的生活习惯，主要包括起居习惯、力所能及的家务劳动知识以及基本的行为规则。

3.缺乏了解

有调查显示：绝大多数家长对学生的班主任及主课教师有一定了解，随着年级的增长，家长对教师的了解逐渐减少。另外，班主任要面对几十个学生，而任课老师要面对几个班的学生，对学生及家长更谈不上了解。如果家长不能主动及时地去了解教师情况，双方合作必定会受到负面的影响。

（二）家校双方的态度问题

1.家长的态度问题

（1）同教师关系疏远的家长。

由于教师平时与家长联系少，缺少心理沟通，结果让一些家长与学校、教师产生了障碍与隔阂。还有些家长对家校合作有着强烈的抵触情绪，认为把孩子送到学校了，就应该由老师管，家长把孩子发生的一切问题归于学校，致使家校双方关系紧张，态度敌对，家校双方难以展开平等交流与合作。

（2）自卑型家长。

有的家长由于文化水平较低，不太懂教育，或者由于孩子的学习成绩不好，屡屡违反校规校纪等原因，时常有老师家访或被请去学校，因此不愿意跟学校联系。这类家长望子成龙之心很强，希望孩子能提高家庭的文化层次，但缺少正确的教育方法，这让他们力不从心，产生了自卑感。

（3）放心乐观型家长。

彬彬在班级里常常排名第一，做事也有规有矩。彬彬的妈妈对老师的教育方式完全认同。她相信老师完全有能力教育好学生，很少与教师交流与沟通。

彬彬妈妈这一类家长较常见，他们认为老师会对学生进行良好的教育，认为教师在教育方面比自己更为专业，因此，自己没有必要对教师的行为进行干涉。

2.教师的态度问题

家长在与教师进行沟通时，要根据不同类型的教师采取不同的交流方式，以达到良好的沟通效果。

（1）自信型教师。

自信型教师常认为自己是教育专家，自己教什么、如何教心中有数，不需要家长评头论足，认为家长的参与只能给他们带来麻烦。

对于这样的老师，家长可以吸取他们正确的观点，摒弃其理念中不适合自己孩子的教育方式。

（2）自卑型教师。

自卑型教师多是新教师，经验不足，当家长问及许多教育问题时，他们怕回答得不够好，因而缺少自信。尤其是在与一些高学历、事业有成的家长交往时，此类教师不知道如何回应。

面对这类教师，家长应该给予理解，看到他们身上的闪光点，打破他们的尴尬，从而完成家校合作。

（3）抵触家校合作的教师。

有些教师认为家长并非专业教育人士，与家长合作等于让外行影响内行，家长没有必要参与到学校事务之中，如果非要介入，也是外行给内行挑毛病。当有家长参与家校合作时，此类教师倾向于自我保护，并且有一定程度的恐惧感，认为自己的职业权威和形象受到了威胁与挑战。

三、帮助孩子融入学校生活

（一）应对孩子被人欺负的情况

案例分析

一年级学生文文走下校车，嘴角上还有一丝血迹，小脸蛋上满是泥土和泪痕。他对父亲说："刚才，一个小孩在车上打了我。"还说有一次这个

小孩子在学校操场上将他绊倒，对着他的鼻子打了一拳，而老师却没有看见。

一个13岁的漂亮女孩回到家后愁容满面，家人问她发生了什么事情，她大哭了起来。原来学校有个男孩只要一见到她，便凑过来骂她："你这个大肥猪，真是丑八怪。"

许多家长会从孩子那里听到类似的事情。受人欺负可能会对孩子产生严重的心理影响，他们常常表现出抑郁、沮丧，甚至认为自己毫无用处……家长对这些问题的漫不经心、不以为然，会让孩子感觉更加无助。

家长可以教孩子试试下面的方法。

1. 不直接回应

让孩子学会镇定自若，面对别人的嘲笑、捉弄，不加理睬。那些人自讨没趣后，很快便停止了恶作剧。

2. 理直气壮地加以阻止

有时候仅对恃强欺弱的人视而不见还不够，因为他们常会纠缠不休。家长应告诉孩子勇敢地面对欺负他的同学，并以斩钉截铁的语气命令他们住手。有人建议：对恃强欺弱的团伙，最好在他们各自分散时与之逐个论理，因为"成群结伙"会让他们有恃无恐。

3. 采取出其不意的行动

周立很害怕上体育课，因为有一个男孩总是把他的衣服扔到地上，他的母亲想出一个办法，当那个男孩又要来欺负他时，周立突然声色俱厉地喊道："把你的脏手拿开！"那个男孩被吓得一怔，其他人也都转身看着他。结果，他再也不敢找周立的麻烦了。

心理学专家认为，帮助孩子练习类似的果敢行动可以使他们增强信心。家长可以在家中与孩子轮流扮演欺负与被欺负的角色，教会他们如何疾言厉色地呵斥想欺负他们的人，而不是屈从。

4. 增强孩子的友谊

对那些腼腆、害羞或不善交际的孩子，家长可以在孩子放学后将他的同学请到家中做客，帮助他们建立友谊。对于稍大一点的孩子，家长可以鼓励他们多参加体育锻炼或者其他活动，以便结交更多朋友。

5.寻求学校的支持

大多数小孩子不愿意被同学称为"爱打小报告的小人"，他们即使受了欺负也不愿意向学校和老师反映。一些家长担心将孩子被人欺负的事反映给学校，会被认为"小题大做"或对孩子"过分溺爱"。实际上，家长最好将情况直接反映给老师，由学校出面干预。

家长给孩子提供的最好的保护，就是培养孩子的自信心，锻炼他们的独立性，并能在需要时采取果断的行动。

（二）多与孩子谈论学校生活

1.做孩子的好听众

当孩子升入小学后，学校成为他们生活中重要的场所。孩子在学校的成绩是否理想，跟同学的关系是否融洽，是否经常得到老师的鼓励，是否对学习感兴趣等，都会影响孩子的心智发展和情绪变化。当孩子向家长说起学校生活时，家长应耐心聆听，这样既能帮助孩子锻炼表达能力，又能了解孩子在学校的学习状况。

家长应教给孩子与人相处的技巧，最好在平时就教孩子学会与他人礼貌相处，观察孩子和他人相处的情形，每天抽点时间和孩子聊天，多用赞美支持的语气，少用责罚和训斥的语气。家长应引导孩子注意别人的优点，创造让孩子和不熟悉的人交往的机会；培养孩子幽默感和自我解嘲的能力；教孩子讲话的技巧，协助他们控制情绪，让孩子掌握解决问题的方法等。

2.表示了解孩子的感受

假如孩子越来越不愿意向家长谈起学校的生活，或者越来越沉默，家长应当加倍留意孩子的行为，他可能在学校里遇到不愉快的事情，如被老师责罚、被人取笑，或感到委屈等。家长应当尝试鼓励孩子说出不快的感受，只有这样才能对症下药，协助孩子面对问题。

小孩子的感情十分脆弱，他们可以为大人眼中的小事而发怒、不安或悲伤。家长不能用成年人的心理特点去衡量孩子的表现，即使在家长看来情况并不严重，也不能轻视孩子的感受。

3.避免患上"成绩过敏症"

"小心你的教鞭下有瓦特，你的冷眼里有牛顿，你的讥笑中有爱迪生。"

教育家陶行知告诫教师的话对家长同样适用。考试分数只是在一定程度上反映学生的知识掌握情况，而不能反映孩子的智力水平和综合素质，家长更不能以分数的高低来衡量孩子的优劣。如何看待分数，反映着家长对子女教育的态度、方法，也影响其教育的成败。

（1）家长既要看孩子的绝对分数，又要看相对分数。

如果孩子的成绩比以前进步了，家长就应赏识和鼓励孩子，反之就要帮孩子全面分析退步的原因。把孩子与同学进行横向比较，主要是为了弄清楚孩子在班级中所处的位置，以便为孩子制定学习计划或方案。

（2）家长不要给孩子规定分数方面的硬性指标。

如果家长给孩子规定考试分数的硬性指标，可能会影响孩子学习的积极性，使孩子产生畏惧心理，以至于产生厌学情绪和逆反心理，还有可能导致孩子作弊，对家长说谎等不良行为的形成。

（3）衡量分数时，要具体情况具体分析。

孩子考试分数受题目的难易程度、考前复习准备以及心理状态等多方因素的影响。因此，家长不能只看分数的多少，应当具体情况具体分析，主要看孩子是否掌握了应知应会的内容。

（4）家长要帮孩子对试卷做出科学、准确的分析。

明智的家长会帮孩子科学、准确地分析试卷，总结经验教训，肯定成绩，指出不足，并耐心地和孩子一起制定出切实可行的改进和提高措施。家长还应看到孩子其他方面的优点，扬长避短，让孩子的个性与特长得到充分发展。

（5）不应以分数高低论成败。

孩子的许多能力和综合素质水平是不能通过分数来衡量的。往往在学习上循规蹈矩的人，容易获得好分数，而在求知上异想天开的人，常常思维活跃，还有很强的创新能力。论分数，后者不如前者，但论思维能力，后者可能更有潜在优势。

第三节　教给孩子用和平与智慧交往的能力

一、家长如何培养孩子的人际交往能力

人际交往能力是孩子必备的素质之一，特别在信息时代，如果孩子的交往能力差，就很难与老师、同学进行合作学习，这对他们的学习、生活、性格的养成都是极为不利的。如何培养孩子的人际交往能力呢？

1.创造平等和谐的交往氛围

家庭中的大事，家长应该让孩子知道，适当地让孩子发表看法。家长还要给孩子提供更多的交往机会，适当地带孩子进入自己的社交圈，或者家中有客来，让孩子参与接待，进而让孩子融入与他人交往的氛围。

2.父母要做交友的表率

一个不善于与他人交往、闭门自守的家长一定不会教育出活泼可爱、乐于结交朋友的孩子；一个对待来访客人冷漠、不热情的家长同样不会使孩子对他们的同伴热情起来。所以，家长要善于交友，乐于与人交往，交有德、真诚之朋，与朋友聚，多谈有益之事，用自己良好的人际关系教育和熏陶孩子。

3.鼓励孩子走出家门

交往技能只有在与人交往中才能学会，家长应该尽可能地为孩子打开生活空间，鼓励孩子走出家门，广交朋友，如参加联谊活动，经常邀请孩子的伙伴或朋友来家做客，带孩子到朋友家做客等方式，尽量多地为孩子创造与朋友、同学、大人接触的机会。

4.教给孩子基本的交往技能

有些社会交往技能家长必须教给孩子，如怎样参与到别人的游戏活动中去，怎样对同伴的友善行为做出回报，怎样与同伴分享食物、玩具，怎样给予同伴关心、帮助和同情等。经常向孩子讲述这些，比单纯让孩子模仿别人效果要好得多。同时，家长要帮助孩子识别朋友，哪些朋友可交，哪类朋友不可交，并说明道理，真正让孩子掌握选择朋友的方法和知识。

二、如何培养孩子的合作交往能力

21世纪是竞争激烈的时代，面对未来社会的激烈竞争，仅仅开发孩子的智商是远远不够的，还要培养他们的情商，要让他们适应社会的变化，学会与别人共同生活。欧洲心理学家阿德勒说："假使一个儿童未学会合作之道，他必然走向孤僻之道，并产生牢固的自卑情绪。"因此，从小培养孩子的合作意识和合作能力是十分重要的。

（一）发挥教师的表率和示范作用

孩子喜欢模仿教师的行为，教师可以通过让他们分享自己合作行为带来的喜悦情感来发挥榜样的作用。如教师在与学生的交往中时时表现出友好合作的行为；平时有了开心事与学生分享；游戏时与学生商量，共同合作；与其他班的教师一起布置教室等。学生在这样的环境中耳濡目染，进而感受到教师之间、同学之间是友好的合作群体，从而产生合作的欲望。

（二）以孩子的兴趣为出发点，激发他们的合作兴趣

游戏是孩子最喜欢的活动，大家必须相互合作，游戏才能顺利进行，越来越多的专家推荐让儿童多参与合作性的游戏。心理学家说："合作性游戏是将人们团结起来的一种美妙的方式。"通过合作性的游戏，孩子在玩乐中学会了如何更懂得体贴他人，更了解其他人的感受，也更愿意采取有利于他人的行为。在游戏中，孩子是参与者，又是观察者，还是评判者，能体会到合作的意义及其所带来的乐趣。因此，经常开展合作性的游戏，是培养孩子合作精神的重要途径。

（三）培养孩子有爱心、友爱互助等良好品德

培养孩子的合作能力，首先要让他们有关心他人、团结同伴、互帮互

助的良好品德。由于父母的溺爱、娇惯，大多数孩子以自我为中心，不愿
与人合作，还有的孩子在合作中容易逞强。所以，教师要了解孩子的个性
特点，和家长互相沟通，及时采取有效的方法纠正孩子的不良习惯，教育
他们要关心他人、团结友爱、互相帮助，遇事与人商量。孩子只有具备了
关心他人、宽容、友善、互帮互助等良好品德，才能在与人合作时减少不
必要的冲突。

（四）为孩子创造合作的机会

培养孩子的合作能力，教师要为他们创造合作的机会，如共同搭积木
完成一个造型，共同完成一幅画等。此外，教师要把培养学生的合作能力
贯穿在各项活动中，如共同搬椅子、打扫教室等，这样，他们的合作能力
就会不断得到提高。

（五）表扬和鼓励孩子的合作精神

正确评价学生的合作行为是对他们合作过程的肯定，也是激励他们持
续合作的动力。虽然学生在合作过程中，会有很多不尽人意的地方，但他
们希望得到好评，希望得到表扬的愿望很强烈，因此，在每次活动后，教
师应先对学生在活动中的合作精神进行肯定，同时表扬他们所做出的努力。

（六）关注孩子的社交群体

在孩子交友问题上，家长往往处于两难的境地：不让孩子交友，孩子
会感到孤独；让孩子交友，又怕孩子交友不慎。家长的忧虑是一种正常的
现象，面对这种情况，家长最好能认识孩子的每个朋友，可以邀请孩子的
朋友来家里玩，从中观察他们的个性及表现。

孩子最好能结识一些跟他在个性上互补的朋友，如胆子小的孩子，可
以找比他勇敢的朋友；心理不成熟的孩子可以从心理成熟的朋友中得到益
处；具有侵略性的孩子可以在坚强而不是凶暴的朋友影响下得到提醒，自
觉收起他的侵略性。

第十三章
家庭、学校、社会
"三位一体"教育合作

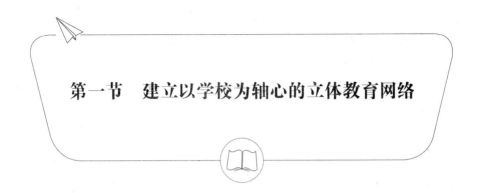

第一节　建立以学校为轴心的立体教育网络

人的全面发展需要全面的教育，而在对传统的家庭教育、社会教育、学校教育进行审视之后发现，建立以学校为轴心的立体教育网络是进行全面教育的有效途径。

一、建立以学校为轴心的立体教育网络的必要性和意义

（一）建立家庭、学校、社会三结合立体教育网络是三种教育形态发挥效能的需要

1.家庭教育的优势与局限性

家庭教育是指在家庭内由父母或其他年长者对新生一代和其他家庭成员所进行的有目的、有意识的教育。家庭教育是人生的第一篇章，是个体社会化的最初摇篮。家庭教育对儿童和青少年来说尤其关键，他们正处在大脑迅速生长发育时期，也是潜意识学习的最佳时期和人格陶冶的重要时期，这个时期个体所受的教育与影响最能决定其社会化的方向。

父母和子女之间天然的亲子之情是无可比拟的，这种特殊关系决定了家长在儿童的身心发展中起着不同寻常的作用。心理学常识告诉我们：人与人之间的感情越亲密，相互之间的情感的感染性越强，感化作用越大；反之，则感染性越弱，感化作用越小。如果人与人之间感情上对立，不可调和，相互之间的感染性就会发生相反的作用。父母和子女的血缘关系容易使他们产生感情上的共鸣，进而影响子女的情绪、态度，甚至决定子女的行为。子女和家长的亲情关系、经济关系以及子女对家长的依赖，会使

子女尊敬并信赖家长。这种尊敬和信赖往往会树立起家长在家庭中的权威性，家长的权威性越大，对子女言行的约束性就越大。家长教育的权威性主要体现在：家长的教诲，子女能够听从；家长的批评，子女能够接受；家长所希望的，子女能够努力做到做好；家长所反对的，子女能自觉地抵制。

父母不但和孩子接触最早，而且和孩子接触的时间最长。长期的共同生活和特殊的亲子关系使得父母有可能深刻而系统地了解子女的全面情况，从而为有针对性地进行家庭教育提供了有利条件，这种有利条件也因家庭教育中受教育者（子女）量少而更加鲜明。

以上讲的是家庭教育的优势，若家长利用得当，将是教育子女的有利条件，反之，则转化为不利条件。家长与子女天然的血缘关系，往往会促使家长正确地爱孩子和教育子女，但也容易使家长在孩子的教育问题上感情用事。

另外，家长缺乏教育子女的知识、能力，教育子女的时间和精力有限，家庭生活气氛不好，家庭环境比较复杂，家长有对孩子不良影响的言行等，都是家庭教育局限性的体现。从以上分析可以看出，家庭教育的优势主要在于其先导性、感染性、权威性、针对性。但是，如果家长缺乏教育孩子的知识，缺乏对自己在孩子成长中所起作用的认识，家庭教育的优势就难以发挥。

2.学校教育的优势与局限性

学校教育是教育者（教师）依据一定的教育方针，有目的、有计划、有组织地对受教育者（学生）进行培养教育的社会化活动。学校教育同社会教育、家庭教育并行发展，规模大，速度快，结构复杂，体系严整，在培养社会所需人才，促进社会生产力的发展，维护和稳固社会的政治经济制度等方面所起的作用，以及在满足人们自身发展的需要方面，较之其他教育形态有更高的效率。所以，学校教育在整个教育体系中一直居于主导地位。

学校教育的职能是培养人，学校是专门教育人的场所。学校教育同社会教育、家庭教育相比，首要的不同便是学校教育具有专门性特点。学校教育有专门教育者——教师，他们都是经过严格选拔和专门训练培养出来的，不仅学识广博、品德高尚，并且懂得教育规律，掌握了有效的教育方法。

学校教育集中体现了教育对人影响的有目的、有组织、有计划的特点。学校教育的目的性和计划性集中体现在严密组织性上。学校教育具有严密的组织结构和制度。从宏观上说，学校有各级各类、多种多样的体系结构；从微观上说，学校内有专设的领导岗位和教育教学组织，还有一系列严密的教育教学制度。这些是社会教育和家庭教育形态所不具备的。另外，学校教育内容特别注重内在连续性和系统性，社会教育和家庭教育在教育内容上一般具有片断性。即使是有计划性的社会教育，也是阶段性的，就其知识总体来说，也具有片断性。

学校教育形态比较稳定，有稳定的教育场所、稳定的教育者、稳定的教育对象和教育内容，以及稳定的教育秩序等。学校教育的这种稳定性更有利于个体的发展。当然，稳定是相对而言的，它也有相应的改革变化。

以上概括地讲了学校教育的优势，但学校教育由于自身的特点，也有其局限性。

师生关系与亲子关系相比，其情感感染性和感化作用较为逊色。在学校，教师往往面对几十个学生，加上师生的变动，一个教师很难彻底了解每位学生。对学生了解不够，学生人数多，既给密切师生关系带来障碍，也为教师实施因材施教、个别教育带来困难。

学校的教育教学内容以相对稳定、系统、科学的教材为依据，这有好处，也有弊病。教师不能像家庭教育那样认为孩子需要什么就教什么，发现什么问题或情况就进行相应内容的教育和训练，缺乏家庭教育的灵活性、针对性。

3. 社会教育的优势和局限性

社会教育也称校外教育，是指通过学校或家庭以外的社会文化教育机构，对儿童、青少年实施的有目的、有组织、有计划的教育活动。开展社会教育活动，可以使学校教育、家庭教育从"封闭式"走向"开放式"，有利于培养孩子的社会造就性与活动能力，有利于培养他们的创造能力和探索精神。

社会教育既不同于家庭教育，又不同于学校教育，有其自身的特点。

（1）自愿性。

在社会教育机构的活动项目中，孩子可以根据个人的兴趣爱好及原有的基础自由选择，社会教育同意接纳即可参加活动。凡是孩子本人所选定的活动项目，一定要坚持参加活动，遵守活动纪律并定期接受该活动机关的考核和评定。

（2）伸缩性。

社会教育机构的活动不受课堂教学的限制，没有教学大纲、教学计划和教科书，内容可宽可窄，可多可少，富有伸缩性。活动内容由专门教育机构根据社会的要求和学校的需要来确定，或根据活动参加者的要求确定，内容丰富多彩。

（3）灵活性。

社会教育机构的活动是在校外，利用课余时间以小组为单位进行的。这种活动可在室内进行，也可在室外进行，可集体进行，也可个别进行。每个小组的人数可多可少，每次活动的时间可长可短，考核、评定可采用汇报演出、组织竞赛或举办展览等形式进行。

（4）自主性。

在社会教育活动中，教师或辅导员的指导是必不可少的，但它是以孩子的自主性为基础的。在活动中，强调培养孩子独立工作能力，鼓励他们自己设计、自己动手、自己组织，提倡发挥孩子在活动中的主动性、积极性和创造性。

4.建立结合立体教育网络，充分发挥整体教育的合力功能

从以上分析可以看出，在教育过程中，学校教育、家庭教育、社会教育各有特点，三者结合才能发挥整体教育的作用，所以，三者的关系是非常密切的。但是，由于历史的原因和社会条件限制以及错误教育思想的教训，我国的学校、家庭、社会三方面教育存在着一定的矛盾和问题，如很多地区没有统一的领导机构对三种教育形态协调关系与统一步调，三者联系不够，不能很好地配合，存在着片面追求升学率，重视学校教育，忽视家庭、社会教育，重视知识传授，忽视德育、体育和智能培养的问题。受

过专业训练的学校教师懂得教育，对学生往往施以正确教育，而很多家长不懂教育，有的对孩子溺爱娇惯，有的对孩子简单粗暴。社会教育机构数量少和活动内容及方式还不能满足年轻一代的需要。因此，社会、家庭的消极因素对年轻一代影响仍存在，这些往往削弱甚至抵消了学校教育的积极影响，影响孩子的顺利培养。

（二）建立家庭、学校、社会三结合立体教育网络的重大意义

1.促进素质教育的深入开展

教育专家预测，21世纪最成功的劳动者应当是全面发展、具有竞争精神，同时又善于合作的人，即21世纪需要的是高素质的劳动者。但我国中小学生的现状令人忧虑，近几年对中小学生的调查表明，我国中小学生的综合素质不尽如人意，不但身体素质下降，近视、佝偻症在学生中常见，更严重的是我国中小学生人格发展普遍存在缺陷，如意志薄弱，缺乏战胜困难的信心、勇气，懒惰，依赖性强，生活自理能力差，自私散漫，合作能力差，缺乏责任感等，这种现状呼唤着素质教育的深入开展。

家庭教育和学校教育作为儿童教育过程中的两种主要教育力量，如果形成合力，就能相互支持和配合，强化教育作用；反之，则相互削弱和抵消，学校的教育作用就无法充分发挥。

素质教育只有在家庭和学校形成合力的情况下才能深入开展。同时，素质教育也离不开社会教育的支持配合。因为社会教育不仅具有独立形式，而且日益渗入社会生活的方方面面，越来越表现出同社会的政治活动、生活劳动、社会生活、娱乐活动，甚至同宗教活动密切结合。马克思主义认为，人的本质是一切社会关系的总和。

2.推动学校管理工作

家庭、学校、社会在儿童教育问题上若产生分歧，在这三种环境中所进行的教育必然相互冲突、抵消，给学校的教育和管理带来种种困难，降低学校教育的效率。家庭、学校和社会在教育过程中的合作可以沟通相互之间的交流渠道，可以就学校工作或个别学生交换意见或感受。家长可以提出不同的看法来协助学校教育，还可以作为学校委员会成员参与制定更合理有效的学校政策和计划，并同社会一起监督执行。学校可以由此收集

家长对学校工作及教育教学实践的反馈资料和学校所在社区的背景资料，以改进学校工作，从而强化学校的自我管理。

3. 促进"教育社会"的诞生

"教育社会"是指社会本身就是个"大学校"，能为每个人在他需要的时候提供学习和受教育的机会，每个人都能主动地去学习自己所需要的知识，能意识到自己是"受教育者"，又是"教育者"。"教育社会"中的各个组成机构在儿童的教育过程中是密切合作的伙伴，在教育方向上是一致的，在教育内容上是协调的，在教育方法、手段上是互补的。"教育社会"是全体社会公民都关心人的教育、人的发展的社会，对学校教育的积极参与和配合是"教育社会"的普遍风气。

首先，家庭、学校、社会合作是家长受教育的过程。家庭、学校、社会合作给家长们提供了学习机会，在合作过程中，家长不仅可向教师学习，也可向其他家长学习，分享儿童教育的意义和经验，掌握有关知识和技能。其次，家庭、学校、社会合作是教育工作者受教育的过程。教育工作者可以向家长了解学生的具体情况，做到比较全面、客观地认识学生，对今后的教育工作做到心中有数，并借助了解到的新情况不断修正教育内容和方法。另外，家长们的职业、经历和社会背景各不相同，他们可以向学校提供大量信息，教育工作者可以从中学习，并分享家长的成功经验，以改进教育和管理工作。最后，家庭、学校、社会协调一致，又可防止社会不良现象对学生的侵害，发挥出社会教育的最大效能，这样，家庭、学校、社会合作，全社会关注教育、参与教育的风气就会逐渐形成。当学校、家庭和社会把儿童教育方面的合作扩展到全民教育中时，"教育社会"便成现实。

4. 促进社会主义物质文明、精神文明建设

建立三结合立体教育网络，能够促进社会主义物质文明、精神文明建设。首先，为了加速社会主义现代化建设，提高生产力水平，促进经济发展，必须建立三结合教育。因为发展经济的关键是发展生产力，发展生产力的关键是发展科技，而掌握运用科技靠人才，这就需要三结合教育，对学校学生、干部、职工、群众、青少年进行有效的教育和培训，发展推广

科技，提高教育质量和劳动者素质，培养各种合格的建设人才，这样才能振兴经济。其次，家庭教育是建设精神文明、提高学生素质的重要环节。家庭是社会的细胞，是文明的基因，文明的社会呼唤文明的家庭，文明的家庭需要每个人的文明。家庭文明是社会文明的重要标志；建设文明家庭，弘扬家庭美德，是精神文明建设的重要内容。建立三结合教育，又可以形成合力，更好地促进社会文明的进步。

二、建立以学校为轴心的立体教育网络的原则

（一）统一贯彻教育目的的原则

教育目的是指一个国家对教育活动结果规定的总要求，是国家为培养人才而确定的质量规格和标准。社会主义制度决定了我国家庭、学校、社会的根本利益是一致的，这为我国贯彻教育目的提供了有利前提。统一的组织领导、统一的指导思想、共同的方针目的，保证了我国学校教育、家庭教育和社会教育的一致性。其中最根本的一条是贯彻教育方针，实现教育目的，共育新人。家庭教育、学校教育、社会教育都要根据各自的特点和条件，认真贯彻教育为社会主义建设服务，教育必须与生产劳动相结合，培养学生德、智、体全面发展，成为社会主义事业建设者和接班人的方针，采取具体有效措施，互相配合，步调一致地共育新人。

（二）以学校教育为主导的原则

在学校教育、家庭教育、社会教育中，学校教育具有独特的优势。一方面学校是专门的教育机关，专门研究教育问题，能够把握教育的科学方向；另一方面，学校是根据社会主义发展的需要而提出教育目的。学校教育既体现社会的要求，又有反映时代精神和符合学生年龄特征的系统教育内容，有健全的班级和团队等完善的组织形式，有通过教学和各种活动有计划地进行教育的系统措施，还有经过专业训练具有一定教育经验和教育水平的校长、教师。学校完全可以对学生施以有目的、有计划、有组织的影响，排除和抵制来自社会或家庭的某些不利因素，因此，我们说学校教育具有可控制性。学校教育的可控制性就是教育者可以根据教育目的对各种客观影响进行选择和调节，使其具有目的性和计划性。也就是说学校教

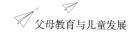

育可以对社会教育和家庭教育实行有效的调控，趋利避害，充分利用和发挥它们对青少年成长的积极影响，尽量排除和克服消极因素的影响。因此，建立三结合立体教育网络，应以学校教育为主导。

首先，学校教育应对家庭教育、社会教育提供强大的教育科学知识支持，保证在家庭教育、社会教育中实行正确的教育理论方法。其次，学校教育应注意防止和克服社会、家庭中的消极影响，发挥纠错功能。那么，学校怎样防止和克服社会、家庭的消极影响呢？其一，学校应经常摸清社会和家庭影响中的积极因素和消极因素，充分利用其积极因素，抑制其消极因素，把学校教育同社会和家庭影响的矛盾减少到最低限度。其二，可以利用"先入为主"的规律，使学校的教育走在社会、家庭影响的前面，这种抢先"打预防针"的教育，可使学生在碰到后入的社会和家庭的消极影响时，具有"拒腐蚀、防污染"的能力。其三，充分发挥学校教育的优势和主导作用，利用青少年可塑性较大的特点，对先入的错误思想进行矫正和改造。

（三）双向性原则

家庭、学校、社会互相结合，形成教育社会一体化，必须实行双向服务的原则，才能使三方面教育优势互补，充分发挥三结合教育的合力作用。一方面，社会各行各业和家庭都关心、支持教育，形成全社会（包括家庭）共办教育的局面，家庭和社会应利用自身的优势条件从多方面支持教育。另一方面，学校可以利用自己的场地、设备、师资，为非教育单位开办职工夜校，举办家长学校，组织学生走上社会开展文明宣传和义务劳动。学校在为社会（包括家庭）服务过程中不断获得社会新信息，不断调整办学服务方向，以更好地为本地区社会主义建设服务。

（四）多样性原则

在我国，由于历史、地理、人口分布等因素的影响，不同地区的政治、经济、教育发展不平衡，存在着很大差异。因此，家庭、学校、社会教育结合的形式和方法，应因地、因时、因人而异，要从实际出发，根据自身特点和优势进行多种形式的优化组合。比如，以学校家长委员会为纽带的

"学校—家庭—社会"结合型；以举办家长学校为辐射的"学校—家庭—社会"结合型；学校和校外教育机构的结合型；建立社区教育，形成教育社会化、社会教育化的多种形式结合型。总之，只有因时因地制宜，使三方面实行多种多样的优化结合，采取不同的合作途径，才能充分发挥整体教育的功能。

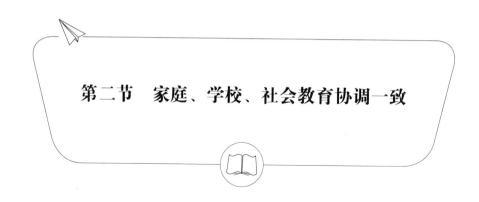

第二节　家庭、学校、社会教育协调一致

儿童的成长是家庭教育、学校教育和社会教育共同影响的结果。在儿童的成长过程中，学校、家庭和社会都起着十分重要的作用，三者之间有着相辅相成、不可分割的紧密联系。

一、家庭教育是学校教育和社会教育的根基

家庭教育是学校教育和社会教育的基础，应该以超前的、发展的眼光，为培养出适应未来社会的合格人才打好基础。目前，国家正在大力推行旨在提高学生全面能力的素质教育，这是一项巨大的教育改革工程，其主要目的就是促进孩子的全面发展。家庭教育是儿童教育的基础，父母是孩子的第一任老师，是孩子最直接的模仿对象，家庭的早期教育为孩子的成长铺下了第一块基石。家长的一言一行、一举一动都对子女有着潜移默化的影响，并直接影响到学校教育的成效，在儿童的发展中起着至关重要和无可替代的作用。家庭教育配合得好，就能使学校教育的结果得到强化和巩固，使正向的社会教育作用得以发挥；配合不好，就会大大削弱学校教育，也会使负向的社会教育得以泛滥。如果父母对孩子的教养方式和要求与老师对学生的教育方法和要求、与社会环境中的现实状况存在差异，而又不通过有效的途径加以沟通和澄清，孩子就会对家庭、学校和社会的要求产生困惑。在接受正规的学校教育之前，孩子主要是从父母那里学得日常生活的基本知识和技能。儿童入学前的准备及由小学升入中学的过渡，无论是身体或心理，还是智能方面，都在很大程度上受到父母的影响。因此，家庭教育对子女的影响作用是不容忽视的。

近年来，关于孩子厌学、网瘾、早恋、孤僻甚至犯罪的报道屡屡出现，有人将这些孩子视为 "问题孩子"。据观察，这些孩子的智力水平都正常，有的还很高，但他们的 "情商" 却相对较低。其实，孩子的错误折射了家长的教育思想、教育观念、做人理念、内在修养和教养方法等，问题出现在孩子身上，根源在父母。

情商包括坚强的意志、良好的自控能力和心理调节能力、乐观进取的人格特点等，从小培养这些能力能收到事半功倍的教育效果。

要培养高情商的孩子，必须要有高情商的父母，很多家长为了孩子拼命工作，认为只要给孩子吃好、穿好就算对孩子好，忽视了情感的沟通与教育，让不少孩子有孤独感，逐渐变得沉默，然后转变为叛逆，甚至犯罪。

（一）如何做一个高情商的父母

1.具备身正言端的品德

家长是孩子的第一任老师。俗话说："榜样的力量是无穷的。"家长的言行直接影响着孩子，所以，家长不能说违背社会公德的话，也不能做违背道德行为准则的事，要以正确的言行影响和带动孩子。

2.具备良好的心理素质

一个好家长应具备多方面的良好素质，健康的心理素质是必不可少的。第一，要具有敏锐的观察能力和正确的分析能力，要及时了解学校的教育要求和孩子的各种情况，既不能以成人的要求为标准，也不能过于夸大孩子的优点或缺点，任何主观臆断、道听途说都不可取。第二，要有健康的情感，保持稳定、含蓄、深沉，避免大起大落、喜怒无常。父母随意对孩子示爱或刺伤孩子的自尊心，都会给他们造成心灵上的创伤，所以，善于用理智来驾驭自己的情感对家长尤为重要。第三，要有坚强的意志。孩子的模仿能力、辨别力、可塑性较强，但自制力弱，家长应教育孩子要有恒心和毅力，坚持不懈，不怕困难。第四，要有广泛的兴趣、高尚的情操和良好的性格，父母的兴趣、情趣、性格直接影响孩子的人际关系、文化结构、生活作风、学习习惯。

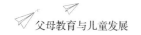

3.具备一定的文化素质

文化素质包括思想和道德方面的修养，科学文化知识方面的素质以及音乐、美术、体育方面的素养和教育科学知识方面的素养。家长要身体力行，做孩子表率，学习生理学、卫生学、心理学、教育学和人才学等方面的书籍，更好地引导孩子成长。

4.必须做到言必行，行必果

父母的言行是孩子的榜样，孩子会不知不觉地接受父母的教育和影响。苏联教育家说：孩子是父母一步一步地引入社会的，希望我们的父母努力用自己的模范言行，为孩子编写一部出色的教科书，一部让孩子引以为傲的教科书。

（二）高情商的父母如何塑造高情商的孩子

1.真爱感动孩子、熏陶孩子

有人说，倘若没有美就不会有艺术，没有真就没有科学，没有爱就没有教育。爱是教育的出发点，也是教育成功的基础，父母爱孩子，孩子就会有所表示，父母和孩子的感情沟通了，教育就会在孩子身上发生效果。

2.保持童心童趣，与孩子交朋友

儿童的童心和童趣应受到成人的尊重，但不少父母常常忽略这一点。家长只要力求保持一点童心和童趣，并以此心境为出发点，理解孩子，尊重孩子，就一定会成为孩子的好朋友，并能找到打开孩子心灵大门的钥匙。

3.动之以情，晓之以理

家长要熟悉孩子的言行和心理，有的放矢，不能不分青红皂白就训斥孩子。家长给孩子讲道理要浅显易懂，生动感人，寓理于情，同时要坚守自己所讲的道理，身体力行，努力实践，以身示范。

4.多用启发引导的方法

善于教导人的人，就像射箭能手教人射箭那样，把箭搭在弦上，拉开弓，却不把箭射出去，只做出跃跃欲试的样子，以便让别人仔细地观察和体会射箭的技能，这就是启发引导之法。

从一个人接受教育的过程来看，家庭教育是人接受最早、时间最长、影响最深的教育。一个人从出生到成人，都离不开家庭的教育和影响。父母的一言一行、一举一动对子女都有着言传身教、陶冶习性和潜移默化的作用。

（三）给孩子最好的不如给孩子最合适的

父母都希望能培养出有出息的孩子，但有的家长不考虑孩子的年龄特点、需要和兴趣，强迫孩子按自己的想法去做，结果孩子牺牲了童年的乐趣，家长疲惫不堪，甚至亲子关系也出现裂痕，而孩子并没有在家长的严格要求下变得优秀，反而表现出逆反、厌学和不理解父母、怨恨父母。因此，父母不能单凭自己的意愿和爱好决定孩子的前程，每个孩子都有他独有的个性、气质、兴趣和爱好，父母一定要尊重孩子。

现代教育提倡让学生体、智、德、美、劳全面发展，有些家长想对孩子提前做一些定向培养，虽然体育、音乐、美术等方面的人才是需要早期发现、早期培养的，但是家长必须正确评价自己的孩子，要善于发现孩子的潜在能力。儿童心理学家莱温吉尔博士说："孩子们身上蕴藏着各种各样的灵性——对音乐、空间、想象、运动和其他方面的完全不同的理解力。每个孩子都不同，都有他自己独特的才能。家长要全面地观察孩子，要真正地去观察，这是非常重要的。"

（四）早期教育要适时适宜

智能是随着身体的发育成熟而不断发展的，而教育方式也要与智能的发展相适应。孩子之所以能够进行某种活动，是因为他们进入了进行这一活动最为适宜的时期。每个孩子的成长都有关键期，抓住关键期的教育会事半功倍。父母的任务就在于在孩子发育的关键期创造条件，使教育的内容适合于孩子心理发展需求，尊重他们独立掌握某种知识、技能和经验所做的努力，激发他们的求知欲望和学习兴趣，在他们已有的心理水平上引起新的学习需要，从而循序渐进地引导孩子向前发展。

所以，当孩子的兴趣和父母的想法不一致时，家长不妨和孩子商量，在尊重孩子意愿的基础上对其进行培养，因为兴趣是最好的老师。了解孩子、尊重孩子、宽容孩子、科学地指导孩子才能取得好的效果，给孩子最好的，不如给他最合适的。

二、学校教育离不开社会支持和家庭配合

学校教育需要得到社会的支持和家庭的配合，我们应创造学校、社会、家庭三结合的现代大教育体系，提倡全社会都来关心教育，净化儿童成长的环境，为新一代健康发展创造良好的社会条件和气候。

学校教育是通过对受教育者的身心施加的一种有目的、有计划、有组织的影响，使受教育者的身心发生预期变化的活动。学校按社会生活的要求，选择社会文化中的精华部分精心组织后传授给受教育者，使受教育者的社会化由无组织的自发状态过渡到了有组织、有目的、有系统的活动过程状态。因此，学校教育是对儿童进行普遍社会化的较为理想的组织过程，是影响儿童发展的主导因素。

学校教育对儿童的教育作用的发挥主要通过以下方面来进行。

1.教学内容的影响

学校教育对儿童施加的影响是以一定的教学内容为中介的，教学内容是实现教育目的和培养目标的基本保证。学校的教学内容不仅向孩子揭示特定社会的价值观念、行为准则，进行文化的灌输，更重要的是为孩子提供了学习仿效的模式。

2.教师的影响

在学校教育对儿童影响的诸因素中，教师的影响是最积极、最重要的。教师向学生传授知识技能，并能按照预定的目的对影响学生的其他因素进行调节和控制，做出取舍，克服和排除不符合社会主流文化要求的消极因素，引导儿童向预定方向发展。同时，教师的期望也是教育学生的巨大力量。当教师对学生寄予某种期望时，就会用赞赏的目光看待他，并给予其更多的关心、指导和鼓励，这种期望就会成为一种外在的行为目标的诱因，唤醒学生内心潜在的自我价值意识和对高尚目标的追求，这是教师期望的正效应。

3.校风的影响

校风是学校文化环境的重要组成部分，是学校全体成员共同具有的、富有特色的、稳定的校园风气和精神面貌，它包括集体舆论和有倾向性的集体行为举止。校风是一种无形的感染力量，儿童入学后，在良好校风的感染下，能比较自觉地约束自己的言行，采取符合教育要求的行为方式。校风是一种不成规章的行为准则、不成条文的心理默契，通过集体舆论对儿童的品行做出权威性的肯定和否定、鼓励或制止。在校风的行为导向作用下，儿童逐步接受并适应群体规范，形成相应的文化价值意识和共同的目标取向。因此，学校常利用具有特色的文化形式加强校风建设，如升旗仪式、开学或毕业典礼、校庆活动、授奖仪式以及校徽、校歌等，增强学生的集体荣誉感、自豪感和责任感。

4.同伴的影响

同伴既包括同龄的儿童个体（如同学），也包括由年龄、身份非常接近的儿童组成的同辈群体（如班级）。在儿童的社会化过程中，与接受来自成人（包括父母和老师）的以单向服从为主要特征的权威的影响相比较，他们更愿意接受来自同伴的以合作为特征的平等的相互影响。同伴既是儿童行为的强化物，又是其评定自己行为的参照物。同辈群体使儿童的归属感得到满足，并以群体规范约束其行为。随着年龄的增长，儿童与同伴交往的时间逐渐超过了与成人交往的时间，对同伴的依恋和友谊显著增长。强烈的归属与交往需要使儿童逐渐学会以群体规范调节、控制自己，做出从众行为，即学会了如何适应群体的要求，成为群体中合格的成员。

三、要与老师沟通

从孩子进入学校的第一天，父母就把教育孩子的希望寄托给老师和学校，孩子在学校的生活、学习等都是他们关心的焦点，因此，家长与教师的沟通就显得尤为重要。

家长一定要积极与学校配合，经常与老师交谈，了解孩子在校情况，同时向老师介绍孩子在家的表现，一方面，能使教师针对孩子的情况、根据孩子的个体差异，因材施教；另一方面，家长能了解学校的要求，并遵循教师给孩子们所讲的教育内容进行辅导、检查及督促。

学校教育因其有相对独立性、主动性、可控性和科学性的特点，在儿童的教育中起着主导作用；而学校的教育和教学工作具有系统性和阶段性

的特点，不同的学期，不同的阶段，其教育重点和要求也是不同的。家长了解了这些要求就能自觉地与学校配合，起到促进学校教育的作用。

四、社会教育是家庭教育和学校教育的延伸和补充

社会教育是指学校教育和家庭教育之外的一切社会文化机构以及有关的社会团体，根据一定社会的要求，对社会成员进行的有目的的积极影响活动，它是儿童教育过程中对家庭教育和学校教育的延伸和补充。

儿童的成长实质上是"生物人"向"社会人"的转化，这个转化是一个长期持续的演进过程，是在家庭教育、学校教育和社会教育等诸多因素的合力作用下实现的。在孩子的社会化过程中，家庭、学校和社会三种教育对其影响的大小，在孩子不同的年龄阶段是不断发生变化的。在学龄前期，三种教育对孩子的影响作用由大到小依次排列为：家庭—学校（幼儿园）—社会；在中小学阶段是学校—家庭—社会；在大学阶段是，学校—社会—家庭；在参加工作以后是社会—家庭—学校。从上述三种教育对孩子不同年龄阶段的作用变化中可以看出，家庭教育对孩子的影响是由强变弱的，而社会教育则是由弱变强的，是在家庭教育和学校教育基础上的扩大和补充。

社会教育对儿童教育的延伸和补充作用主要是由社会教育的特点所决定的，无论人的性别、年龄、职业、地位及贫富怎样，都可以是社会教育的对象。全民皆应受教育，全民皆可受教育，这也是当今世界各国社会教育发展的共同趋势。

社会教育无处不有，无所不在，凡是有人群的地方都有社会教育的存在。如广播、电视、报刊、书籍，图书馆、博物馆、科技馆、展览馆、艺术宫、文化宫、影剧院、公园、动物（植物）园，健身房、体育场等。不管是在城市还是在农村，在企业单位还是在事业单位，处处都有社会教育的存在。

（一）优化社会环境，构建综合教育网络

构建学校、家庭、社区三位一体的综合教育网络，拓展教育功能。要加强与社区的联系，充分利用社会上多种有益的教育设施来教育学生，以

正确的舆论引导学生，以高尚的情操塑造学生，发挥社会上先进人物的榜样作用，引导学生追求高尚的道德情操，倡导正确文明的生活方式。学校、家庭、社会三者要紧密配合，加强对学生的教育。

第一，学校要细化要求，指导到位，以学生的视角观察事物，用他们能听懂的话进行交流。

第二，家长要及时表扬，延迟批评，培养孩子愉快的情绪体验，给孩子改正和反悔的机会。

第三，社会各界人士要注重赏识儿童好的行为，激发他们学习和生活的热情，用认可和肯定给儿童带来自信，从而有效地促进其发展。

（二）优化学校环境，拓宽社会教育

（1）创设良好的学习环境。在校园走廊、楼梯口贴提示语，运用班级宣传阵地，如板报、特色专栏、小书屋等引导学生学会怎样生活，怎样做人，怎样学习。利用升旗仪式、少先队广播等表彰、宣传好的典型，刊登学生来稿，帮助学生在良好的育人环境中养成好习惯。

（2）注重榜样的示范作用。发挥教师的示范作用，加强教师的仪表、语言、性格、行为、人格等示范性。同时，在学生中发掘好的典型，让同学们边看边学边做，不断提高自身修养和习惯。

第三节　构建家庭、学校、社会一体化心理健康教育模式

　　学生良好心理品质的形成是遗传素质、环境和后天教育共同作用的结果，既依赖于学校教育，又是学校、家庭和社会三方面的共同努力的结果。但是，由于受到多种因素的影响，目前在我国的心理健康教育中，学校、家庭和社会这三个方面存在着不一致甚至脱节的现象，主要表现在以下两个方面，一方面，学校教育和家庭教育不能形成合力，学校倡导和推行的心理健康教育工作难以得到家长和社会的支持；另一方面，青少年社会教育缺乏，当前众多的社会教育资源没有得到有效的整合和利用，社会上尚存在一些不利于青少年健康成长的环境因素。如果学校、家庭和社会教育不能协调一致，心理健康教育的目标就很难全面实现。因此，如何使学校、家庭和社会在心理健康教育中形成合力是关乎心理健康教育成效的关键问题。

一、构建学校、家庭、社会一体化心理健康教育模式的必要性

　　大量研究发现，儿童心理健康和家庭因素有密切的关系，家庭结构、家庭教养态度和方式、家庭气氛、父母文化素质和心理素质等都对子女的心理健康水平有着重要影响。学校和家庭教育共同承担着对孩子的教育责任，但是，在当前的家庭教育中，家长关心孩子的学习成绩甚于孩子的思想品德和心理健康。家庭对孩子心理健康的作用和当前家庭教育中心理健康教育的缺失形成了强烈的反差，这一现象应当引起人们的关注。

　　除了家庭因素之外，社会因素也是影响孩子心理健康的重要因素。有

研究系统分析了民族、文化、生活环境、社会支持、社会阶层、经济收入、社会资本等社会因素对心理健康的影响，并发现这些社会因素与心理健康有显著联系。一系列关于学生心理健康影响因素的研究发现，初中生心理健康的主要影响因素为家庭、学校、社会、个体，高中生心理健康的主要影响因素为社会、个体和家庭，学校的影响似乎不明显。

国外的心理健康教育提倡为学生提供全方位的服务，对学生的学习和生活进行全面的综合预防。学校辅导员、学校心理学工作者、心理治疗师、社会服务工作者以及护理人员都为学校心理健康教育教学提供了不同程度的帮助。在国外的心理健康教育模式中，"家庭、学校、社会整合模式"越来越多地应用于不同学校和地区，成为未来学校心理健康教育发展的方向。

综上所述，建立儿童心理健康教育的学校—家庭—社会模式有现实意义和实践意义。一方面，学生心理健康受到学校、家庭、社会等多方面因素的影响；另一方面，当前我国中小学的心理健康教育更多关注的是学校的影响，教育模式基本上是以学校为主，社会、学校和家庭三方联合进行教育的模式很少。对学生心理健康的家庭、社会支持方面的研究不足，势必会影响心理健康教育的成效，所以，学校—家庭—社会模式的建立是非常必要的。

二、儿童心理健康的学校、家庭、社会一体化模式的含义和内容

儿童心理健康的学校、家庭、社会一体化模式是指在对中小学生进行心理健康教育的过程中，在共同目标的指引下，学校、家庭和社会各方面的教育力量共同参与、相互补充、相互促进，共同构建的学校、家庭、社会一体化心理健康教育模式，共同推动青少年心理健康教育工作。

（一）通过学校，全面实施心理健康教育

要想提高学生心理健康教育的成效，学校必须全程重视心理健康教育。除了专（兼）职心理健康教师，班主任、科任老师都应该成为学生的心理健康的积极促进者，而且心理健康教育应该融合在学校教育的全过程。除了开设心理健康教育课、组织心理健康教育活动外，社会实践、班主任工作、团队活动和校园文化活动等都是对学生进行心理健康教育的有效途径。

（二）发挥家庭教育的作用，指导家长协助学校开展心理健康教育

心理健康教育工作的开展需要家长的积极支持和紧密配合。首先，家长要树立家庭心理健康教育的观念，增强对孩子心理健康重要性的认识，强化家庭心理健康教育的责任意识；其次，家长要形成正确的教育观念，掌握家庭心理健康教育的知识与原理，提高自身心理健康教育的能力；再次，家长要掌握系统、科学的家庭心理健康教育方法，要在尊重青少年心理发展规律的基础上，根据孩子的个性特点和发展阶段，正确认识和评价孩子，对其人生观、世界观、人格发展、学习、人际交往等方面进行全面指导和教育；最后，家长要注重自身良好心理素质的养成，不断提升自身的心理健康水平，努力创造温馨、和谐、愉快的家庭环境。

（三）建立数字与网络媒介平台

互联网科技改变了人们的生活方式和交流方式，在教育方面，网络这一新型交流方式给学校、家庭、社会的交流搭建了一个具有时效性、便捷性、无空间限制的交流平台。各地方心理健康教育指导中心可以通过网络及时有效地发布信息和进行指导，学校、家庭及时将实施情况进行反馈，这一平台将学校、家庭、社会有效地结合起来。

（四）社区服务站

建立社区心理健康服务站，促进家长与学校、社会之间的沟通联系。社区服务站在市区心理健康教育指导中心的领导下，通过社区未成年人学校、社区快乐营地等阵地，开展一些有关心理学的讲座和有益的活动，寓心理健康教育于文化娱乐之中，让孩子们开心地学习和了解心理学知识。

（五）心理健康教育志愿者队伍

建立一支有组织的心理健康教育队伍是非常重要的。一方面，可以组织各级未成年人心理健康教育指导中心的专业心理健康教育工作者，走进学校、社区，开展心理健康教育知识普及活动，针对未成年人开展心理咨询、心理辅导、心理矫正等活动。另一方面，可以组织大中院校心理专业的师生、专（兼）职心理健康教育教师、心理咨询机构的志愿者走进学校和社区，开展心理讲座、宣传心理健康教育知识心理、指导家长进行心理健康教育、协助社区建立社区家长学校、协助学校建全心理健康教育中心。

三、建立学校、家庭、社会一体化心理健康模式的几点建议

（一）加强组织领导

心理健康教育既要纳入学校的日常教学活动，又要纳入整体教育规划中，为了心理健康教育能够持续健康地进行下去，必须引起各级领导的重视。

学校要将心理健康教育工作纳入学校的整体教学规划，实行校长负责制。学校成立心理健康教育中心，负责心理健康教育的具体工作，由热衷于心理健康教育事业的教师、家长以及学生任管理员共同完成心理健康教育工作。

市、区、县建立的未成年人心理健康指导中心也要分工明确，责任细化。教育局长任中心主任，资深专家和专（兼）职心理健康教师作为管理员，心理专业学生以及社会各界热爱心理健康教育的人员作为未成年人心理健康指导中心的志愿者参与其中。

（二）给予经费支持

心理健康教育是公益事业，发展心理健康教育事业不仅要有制度上的支持，也要有经费上的投入。心理教师、志愿者的培训以及三级未成年人心理健康指导中心的建设、专家的聘请等都需要大量的资金，如果没有一定的资金保障，很多心理健康工作无法开展。因此，相应的财政支持是保证心理健康教育顺利实施的关键，根据各地的发展情况，财政部门应该适当拨款支持心理健康教育的发展。

（三）建立完善的心理健康教育评估系统

评价心理健康教育的效果需要建立一个心理健康教育的评价系统。评估既是反馈、激励，也是导向，无形之中敦促了越来越多的学校积极开展心理健康教育，不断提高工作水平。科学的心理健康教育评估体系应充分体现学校、家庭、社会的合力作用，发挥其导向作用。

（四）建立无墙学校，均衡心理健康教育资源

"无墙"学校是指联合省、市、县之间的学校，鼓励有丰富心理教育资源的学校给教育资源比较贫乏的学校专业和资源上的支持；资深的心理教育教师给偏远学校的老师培训心理健康知识、心理健康教育的技能；发达

203

地区的学校对偏远地区的学校在学校心理健康教育中心的建设上提供专业的指导建议和设备上的支持。

（五）各方力量加强合作，共同促进心理健康教育工作的发展

教育行政部门、心理健康教育指导中心、学校、社区等都可以与高等院校、教科院、心理协会进行合作研究，解决现实问题，研究成果也为教育部门制定相关的政策提供数据和理论上的依据，从而提高心理健康教育工作的整体水平。

参 考 文 献

[1] 王成德, 莫兴邦, 梁文深. 儿童心理发展与家庭教育指导 [M]. 兰州 : 甘肃人民出版社 , 2015.

[2] 陈鹤琴 . 家庭教育 [M]. 上海 : 华东师范大学出版社 , 2006.

[3] 卢勤 . 卢勤作品集 [M]. 南宁 : 接力出版社 , 2004.

[4] 邓佐君 . 家庭教育学 [M]. 福州 : 福建教育出版社 , 2013.

[5] 张然 . 拿什么保护你 , 我的孩子 [M]. 天津 : 天津教育出版社 , 2011.

[6] 陈旭远 . 学校教育与家庭教育、社会教育 [M]. 长春 : 东北师范大学出版社 , 2000.

[7] 郑春霞 . 家庭教育指导 [M]. 北京 : 机械工业出版社 , 2015.

[8] 张丽娟 . 家庭教育学 [M]. 北京 : 中国海关出版社 , 2008.

[9] 蔡岳建 . 家庭教育理论与实践 [M]. 重庆 : 西南师范大学出版社 , 2014.

[10] 唐豫翔 . 家庭教育 [M]. 北京 : 中国环境科学出版社 , 2007.

[11] 袁会晴 . 大班幼儿家庭语言教育研究 [D]. 西安 : 陕西师范大学 , 2015.

[12] 李旭 . 儿童在园生活体验叙事研究 [D]. 重庆 : 西南大学 , 2014.

[13] 常红 . 幼儿心理健康与家庭功能的特点及关系研究 [D]. 芜湖 : 安徽师范大学 , 2014.

[14] 邓诗颖 . 学前儿童家庭教养方式、依恋类型与亲社会行为的关系研究 [D]. 苏州 : 苏州大学 , 2013.

[15] 李海君 . 中学生家庭社会经济地位、父母教养方式与学业成绩的关系研究 [D]. 成都 : 四川师范大学 , 2013.

[16] 陈菲菲 . 我国 0-18 月龄婴幼儿父母教养行为与婴幼儿社会性行为关系的研究 [D]. 上海 : 华东师范大学 , 2013.

[17] 赵梅菊. 父母教养观念与自闭症儿童适应行为的相关研究 [D]. 武汉：华中师范大学，2013.

[18] 马利娜. "80 后"父母教养方式对幼儿自理能力的影响 [D]. 沈阳：沈阳师范大学，2013.

[19] 李瑶. 大班幼儿对父母的认知研究 [D]. 南京：南京师范大学，2013.

[20] 宋坤. 家长关于幼儿素质的价值观调查研究 [D]. 南京：南京师范大学，2013.

[21] 赵婷. 农村留守儿童对父母角色的认知及其与自我概念的关系研究 [D]. 重庆：西南大学，2012.

[22] 高德凰. 父母教养方式对初中生学习自我监控的影响 [D]. 长沙：湖南师范大学，2012.

[23] 雷宁. 家长及隔代教养者对 2 ~ 4 岁儿童游戏活动的干预研究 [D]. 长春：东北师范大学，2011.

[24] 冯菁. 城市家长应对幼儿消费要求的教育行为现状研究 [D]. 重庆：西南大学，2010.

[25] 戴军. 父母教养方式与幼儿社会化行为的个案研究 [D]. 兰州：西北师范大学，2009.

[26] 李辰. 孩子眼中的"好爸爸、好妈妈" [D]. 重庆：西南大学，2009.

[27] 黄婷. 农村小学生家庭教养方式与自我概念的关系研究 [D]. 西宁：青海师范大学，2009.

[28] 邹强. 中国当代家庭教育变迁研究 [D]. 武汉：华中师范大学，2008.

[29] 杨帆. 中小学生自我意识与父母养育方式的相互关系 [D]. 长沙：中南大学，2008.

[30] 王洛丹. 母亲的教养方式与儿童数概念的发展 [D]. 上海：华东师范大学，2005.

后 记

　　父母是孩子的朋友，也是孩子的导师，因此，父母要以自己的言行潜移默化地影响孩子，在学习、工作和为人处世方面，树立良好的榜样。要加强亲子沟通与交流，与孩子相互学习、共同成长。要树立正确的家庭教育理念，辩证看待成绩、成功、成才、成人之间的关系，努力把孩子培养成为健康、全面、快乐的人。父母要保持一颗平常心，采取有效的教育策略，适度对孩子进行赞赏和肯定，让孩子的智力和身心健康发展，让积极的心态和良好的品格伴随孩子的一生。